Uni-Taschenbücher 1583

UTB FÜR WISSEN SCHAFT

Eine Arbeitsgemeinschaft der Verlage

Wilhelm Fink Verlag München
Gustav Fischer Verlag Jena und Stuttgart
Francke Verlag Tübingen und Basel
Paul Haupt Verlag Bern · Stuttgart · Wien
Hüthig Verlagsgemeinschaft
Decker & Müller GmbH Heidelberg
Leske Verlag + Budrich GmbH Opladen
J. C. B. Mohr (Paul Siebeck) Tübingen
Quelle & Meyer Heidelberg · Wiesbaden
Ernst Reinhardt Verlag München und Basel
Schäffer-Poeschel Verlag · Stuttgart
Ferdinand Schöningh Verlag Paderborn · München · Wien · Zürich
Eugen Ulmer Verlag Stuttgart
Vandenhoeck & Ruprecht in Göttingen und Zürich

Winfried Freund

Deutsche Lyrik

Interpretationen vom Barock bis zur Gegenwart

Wilhelm Fink Verlag · München

Für Wieland

Die Deutsche Bibliothek – CIP-Einheitsaufnahme

Freund, Winfried:
Deutsche Lyrik: Interpretation vom Barock bis zur Gegenwart / Winfried Freund. – 2., unveränd. Aufl. – München: Fink, 1994
(UTB für Wissenschaft: Uni-Taschenbücher; 1583)
ISBN 3-7705-2649-X (Fink)
ISBN 3-8252-1583-0 (UTB)
NE: UTB für Wissenschaft / Uni-Taschenbücher

Ohmstraße 5, 80802 München
ISBN 3-7705-2649-X

Printed in Germany.
Einbandgestaltung: Alfred Krugmann, Freiberg am Neckar
Herstellung: Ferdinand Schöningh GmbH, Paderborn

UTB-Bestellnummer: ISBN 3-8252-1583-0

Inhalt

Vorwort 7

Andreas Gryphius: *Abend* 12
Paul Fleming: *Ein getreues Herze* 22
Matthias Claudius: *Abendlied* 32
Friedrich Schiller: *Nänie* 42
Johann Wolfgang Goethe: *Selige Sehnsucht* 50
Friedrich Hölderlin: *Abendphantasie* 58
Clemens Brentano: *Sprich aus der Ferne* 66
Joseph von Eichendorff: *Sehnsucht* 74
Eduard Mörike: *An einem Wintermorgen* 82
Annette von Droste-Hülshoff: *Im Grase* 90
Heinrich Heine: *Salomo* 98
Nikolaus Lenau: *Waldlied IX* 106
Theodor Storm: *Abseits* 114
Peter Hille: *Waldstimme* 122
Rainer Maria Rilke: *Archaïscher Torso Apollos* 130
Else Lasker-Schüler: *Versöhnung* 138
Georg Trakl: *Klage* 146
Gottfried Benn: *Valse d'automne* 154
Günter Eich: *Ende eines Sommers* 162
Marie Luise Kaschnitz: *Genazzano* 170
Paul Celan: *Tenebrae* 178
Johannes Bobrowski: *Der Wanderer* 186
Rose Ausländer: *Abendstern* 194
Sarah Kirsch: *Im Sommer* 202
Hans-Ulrich Treichel: *Prometheus* 210

Bibliographische Hinweise 217

Vorwort

> Brauchen die Hungernden Gedichte? Sie brauchen Nahrung, soviel ist sicher. Aber sie brauchen genauso das Bewußtsein ihres ihnen vorenthaltenen Menschentums und damit die Gewißheit, daß ihnen mehr fehlt als die Befriedigung ihrer Bedürfnisse, …
>
> Günter Kunert

Lyrik ist unter den drei Naturformen der Dichtung, wie sie Goethe nennt, die kürzeste und handlungsärmste; eine Kunst des Augenblicks, in dem wie in einem Brennpunkt die momentane Empfindung aufleuchtet, ein Zustand erhöhter Empfindlichkeit. Für kurze Frist steht die Zeit still, aus dem Fluß des Geschehens herausgehoben, konturiert sich Subjektivität und gerinnt im Gedicht zur unwiederholbaren, ebenso singulären wie exemplarischen Bedeutung.

Das Gedicht ist subjektiver Ausdruck und Widerschein des objektiv Gegebenen, Ausdruck des durchdringenden und durchdrungenen Subjekts, Darbietung des Wahrgenommenen auf der Folie des persönlich und geschichtlich geprägten Bewußtseins. Bewußtsein ist immer Bewußtsein von etwas, wie auch die Empfindung nur Gestalt gewinnen kann im Erleben des anderen. Noch das subjektivste Gedicht ist im Objektiven verhaftet, weil sich das Subjekt stets nur als Objekt erfährt.

Das Gedicht ist die Kontur individuellen Erkennens auf der Grundlage subjektiver Empirie. Im intuitiven Augenblick des Gedichts begegnet sich der einzelne in seiner Ganzheit, dem persönlichen Kern, der den Charakter seiner existentiellen Äußerungen prägt. Aber weil das subjektive Bewußtsein durchdrungen und durchdringend zugleich ist, zu seiner eigenen Bewußtwerdung des anderen bedarf, ist es niemals souverän, sondern abhängig von Raum und Zeit, erfüllt und mitbestimmt von existentiellen wie von gesellschaftlichen und geschichtlichen Erfahrungen. Der Barocklyriker hat notwendig ein anderes Selbstverständnis als der klassische Lyriker der sog. Kunstperiode, das empfindsame Gedicht spiegelt die Natur anders als das moderne, zeitgenössische. Menschliche Existenz, Natur, Liebe, Geschichte sind zu allen Zeiten wiederkehrende lyrische Motive, aber ihre jeweilige Verarbeitung, ihr jeweiliges Verständnis hängt ab von der unwiederholbaren, individuellen Geschichtserfahrung.

Gemeinsam aber ist dem Gedicht über alle Zeit- und Epochengrenzen hinaus das ganzheitliche Erleben des Subjekts, das sich im lyrischen Sprechen seiner selbst momentan bewußt wird. Jenseits einseitiger Rollenfixierungen und funktionaler Beschränkung, standardisierten Verhaltens und konventioneller Lebensschemata wird das lyrische Subjekt seiner Totalität inne. Dies Innewerden kann ebenso aus der Erfüllung wie aus dem Verlust entspringen, seltener aus der Erfahrung und der Gewißheit augenblicklichen Glücks, meistens aus dem Betroffensein durch Unglück und Leid. Die Grunderfahrung des Lyrikers ist der existentielle Mangel.

Das Gedicht reklamiert in aller Regel die Verstümmelung des Subjekts in einer feindlichen Welt, die Einengung in einem kreatürlich eng umrissenen Raum. In seinen Sehnsüchten und Klagen artikuliert sich die Trauer über die versagte Erfüllung, das nie verstummende Verlangen, heil und unbegrenzt zu sein. Das lyrische Subjekt wird nicht müde, auf die ganze Erfüllung zu drängen, das Bewußtsein wachzuhalten, daß der gesellschaftliche Mensch zugleich der amputierte Mensch ist, betrogen um sein volles Menschsein, beschnitten in seinen Möglichkeiten, beschädigt in der Intensität seiner Empfindung.

Das Gedicht ist der hochsensible Ausdruck intimer Kritik, die Sprachgebärde des tief verletzten Bewußtseins, stets darauf aus, die Fesseln des Subjekts zu lösen, das Schematische zu zersetzen. Gesellschaft und Geschichte sind aber nur die eine Quelle des Ungenügens und des Leidens, die andere ist die Gewißheit der Hinfälligkeit, der Endlichkeit allen Glücks und der Vergeblichkeit, das Schöne im eigenen Leben zu verewigen. Schwingt in den Klagen über die Unvollkommenheit der Verhältnisse immer noch ein wenig Hoffnung auf Veränderung, so ist die Gewißheit des Sterbenmüssens begleitet von lähmender Ohnmacht.

Und doch verweisen der Schmerz der Kreatur, die Trauer angesichts des Verfalls auf die Ahnung des Ewigen, auf die unsterblichen Sehnsüchte des Subjekts in einer sterblichen Welt. Lyrik erhebt in der Unvollkommenheit den Anspruch auf das Vollkommene, im Flüchtigen den Anspruch auf Dauer. Der lyrische Augenblick, aus dem das Gedicht entspringt, schließt Ewigkeit ein.

Im Paradox des Gedichts offenbart sich das über alle äußeren und existentiellen Begrenzungen hinausdrängende Subjekt, die unstillbare Sehnsucht, glücklich und unsterblich zu sein. Mitunter, in seltenen Momenten harmonischer Empfindung, erlebt das lyrische Subjekt das Glück erfüllter Sehnsucht, indem es den Augenblick zur Ewigkeit erklärt.

Abgrenzung vom Empirischen und Faktischen nimmt im Grunde jedes Gedicht vor, sei es nun idyllisch, elegisch oder satirisch gestimmt. Dem Gegebenen, von dem es seinen Ausgang nimmt, stellt es die jeweils subjektive Erlebnisform gegenüber, die sich in der spezifischen Gestalt der Dichtung niederschlägt. Die prägnante Formung des Gedichts ist der Versuch, das einmalig Empfundene zu objektivieren und zugleich die ästhetische Anstrengung, sich isolierend zu behaupten gegen eine das Subjekt fortwährend mit Vereinnahmung und Vernichtung bedrohende Wirklichkeit.

Lyrische Aussagen sind immer Kernaussagen. Ihre Wahrheitskriterien sind Knappheit und Kürze. Geschwätzigkeit täuscht Substanz nur vor und erledigt sich von allein. Lyrik ist Empfindungskondensat, das, was nach dem Ausscheiden des bloß Ornamentalen, Deskriptiven, Theatralischen und Didaktischen übrigbleibt. Redundanz, in welcher Form auch immer, verwässert und löst die lyrische Substanz schließlich auf.

Die Sprache des Gedichts ist wie in jedem Sprachkunstwerk Trägerin des Gehalts und Ziel symbolischer Gestaltung, das letzte gilt jedoch für die lyrischen im weitaus strengeren Maße als für die dramatischen und epischen Aussageweisen. Der Dramatiker mag rhetorisch brillieren und dabei mitunter mehr Worte machen als notwendig, der Erzähler mag aus der Freude, Welt auszubreiten, ausufern, der Lyriker aber muß jede Wucherung rigoros zurückstutzen, weil sie den Kern seiner Aussage verdeckt und erdrückt. Nur die Identität von Gehalt und Gestalt darf für ihn Bestand haben, eine Identität, die auf engstem Raum der Kontrolle des Lesers auf einen Blick unterworfen ist.

Lyrik entwirft keine Welten wie der Roman, kein personales Gefüge wie das Drama, trotzdem ist sie Fiktion im umfassenden Sinn von Bedeutungsstiftung. In der absoluten Bindung von Aussage und Aussageform an den Sinn stellt sie die radikalste Struktur fiktionalen Sprechens dar, in der es keine Unbestimmtheit, keine Leerstelle geben darf. In den zur homogenen Bedeutung geläuterten Inhalten und Strukturen artikuliert sie in Abwehr des Form- und Bedeutungslosen den Anspruch auf sinnvolle Lebensgestaltung. Das Gedicht formt die Fiktion der sinnerfüllten Einzelexistenz.

Lyrik ist die konzentrierteste und anspruchsvollste Dichtungsart. Ihre Deutung stellt höchste Ansprüche. Niemals ist der Interpret am Ziel, all seine Deutungsanstrengungen bleiben Annäherungsversuche, die aber den noch Fernstehenden einladen möchten, sich mit ihm, in Begleitung des Interpreten, auf den Weg zu machen, das Wagnis subjektiver Erkundung auf sich zu nehmen mit dem persönlichen Ziel, durch die Begegnung mit der lyrischen Subjektivität ermutigt zu werden, auch zu sich selbst aufzubrechen.

Die Erkenntnis lyrischer Sinnintensität hat Aufforderungscharakter. Das Gedicht stellt Fragen an den Leser und stellt ihn zugleich in Frage, indem es ihn der Bedeutungs- und Sinnlosigkeit seines Lebens inne werden läßt, ihn anstößt, sein Leben zu ändern, Sinn zu stiften, wo Anpassung und Abstumpfung herrschen.

Höhepunkte deutscher Lyrik vom Barock bis zur Gegenwart, von Andreas Gryphius bis hin zu Sarah Kirsch, sollen zur Gratwanderung herausfordern, zu Begegnungen mit beispielhaften Selbstvergewisserungen in der spontanen Konfrontation mit existentiellen Grundsituationen und gesellschaftlich-geschichtlichem Geschehen.

Andreas Gryphius:

Abend

Der schnelle Tag ist hin / die Nacht schwingt ihre Fahn /
Und führt die Sternen auf. Der Menschen müde Scharen
Verlassen Feld und Werk / wo Tier und Vögel waren
Traurt itzt die Einsamkeit. Wie ist die Zeit vertan!
Der Port naht mehr und mehr sich zu der Glieder Kahn.
Gleich wie dies Licht verfiel / so wird in wenig Jahren
Ich / du / und was man hat / und was man sieht / hinfahren.
Dies Leben kömmt mir vor als eine Renne-Bahn.
Laß höchster Gott / mich doch nicht auf dem Laufplatz gleiten /
Laß mich nicht Ach / nicht Pracht / nicht Lust nicht Angst verleiten
Dein ewig-heller Glanz sei vor und neben mir /
Laß / wenn der müde Leib entschläft / die Seele wachen
Und wenn der letzte Tag wird mit mir Abend machen /
So reiß mich aus dem Tal der Finsternis zu dir.

(Aus: Gedichte des Barock. Hrsg. v. Ulrich Maché und Volker Meid. Stuttgart 1980. S. 118.)
Die Orthographie wurde dem modernen Gebrauch angeglichen.

Das Sonett wurde zum erstenmal 1650 gedruckt, und zwar in einer Sammelveröffentlichung, die neben den lyrischen auch dramatische Werke enthält. Ein Zweitdruck erfolgte 1663.
Die Gedichtstruktur ist rhetorisch bestimmt. Anders als der moderne Autor sieht sich der Barockdichter an übergreifende Ordnungen gebunden, die sich in Wahl und Durchführung des Themas niederschlagen. Zugrunde liegt dem Gedicht der klassische Redeaufbau (materia, inventio, dispositio, elocutio).

Motiv, die gewählte materia, ist der Abend, weniger als Anlaß zu einem Naturgedicht, wie der moderne Leser erwarten könnte, sondern als Grundlage zur weiteren gedanklichen Verarbeitung. Die gehaltliche Darbietung vollzieht sich schulgerecht in den drei rhetorischen Grundschritten der Motivdarlegung, der zentralen literarischen Argumentation und dem aus der Argumentation entwickelten Schlußappell (narratio, argumentatio, peroratio).

Das erste Quartett leitet mit der Situationsschilderung die thematische Entfaltung (inventio) ein. In wenigen markanten Strichen entsteht ein Bild des Abends. Dem allgemeinen Hinweis auf den vergangenen Tag schließt sich eine hierarchisch aufgebaute Beschreibung an. Wechselt die Blickführung zunächst vom Abendhimmel hinab zur Erde, so folgt erst nach der Erwähnung der Menschen die Erwähnung der Tiere. In typisierender Weise erscheint der Abend als Zeit des Rückzugs, die abendliche Szene als leer und verlassen, wie eine Bühne, von der die Akteure abgetreten sind.

Einsamkeit ergibt sich als zwingende Konsequenz aus dem Dargestellten. Der typisierenden Schilderung folgt der gedankliche Schluß. Dem Bewußtsein der verflossenen Zeit entspricht der einleitende Hinweis auf den schnellen Tag. Damit rundet sich das erste Quartett. Im hermeneutischen Sinn legen die einleitenden vier Verse, reduziert auf das wiederkehrend Allgemeine, den eigentlichen Wortsinn des

Abends dar (sensus literalis), das, was sich den Sinnen stets neu darbietet. Das erste Quartett stellt aber nicht nur das Motiv vor, sondern bildet die Grundlage der weiteren Argumentation.

Leitlinie ist die allmähliche Ausweitung und Vertiefung des Themas, die Entfaltung vom Kleineren zum Größeren (a minore ad maius). Bereits die erste Zeile des zweiten Quartetts weitet die Abendsituation zum Lebensabend aus. Abend ist allgemein Endzeit, das Herannahen der Sterbestunde. Dem Wortsinn folgt im hermeneutischen Argumentationsverlauf die allegorische Auslegung, das, worauf die Situation wesentlich verweist (sensus allegoricus). Die Erscheinung ist nicht Selbstzweck, sondern nur äußere Hülle des Wesens, das es zu enthüllen gilt. Die Allegorese, das Eindringen in den tieferen Sinn, führt zur Erkenntnis. Sie als das eigentliche Ziel rechtfertigt erst den Ausgang vom bloß Phänomenalen. Nicht das Ästhetische im engeren Sinn steht im Vordergrund, sondern das Ethische. Die empirische verallgemeinert sich zur existentiellen Situation. Über das sprechende Ich hinaus ist der Mensch als Gattung betroffen, sein Hab und Gut ebenso wie die ganze sichtbare Welt. Die Allegorese erhebt allgemeinen Bedeutungsanspruch im Sinn von Totalität.

Die unabweisbare Gewißheit des Todes beschwört die Frage nach dem angemessenen menschlichen Verhalten im Leben herauf (sensus moralis). Das Ziel schreibt den Weg vor. Aus der Vergänglichkeit und Nichtigkeit allen Irdischen einschließlich des menschlichen Lebens folgt notwendig die Abkehr von der Oberfläche des Daseins hin zum Urgrund ewigen Seins. Stoische Unbewegtheit wirkt der Verführung durch den trügerischen Glanz der Welt entgegen. Gläubige Zuversicht und göttlicher Beistand vermögen vereint die irdische Situation zu bestehen.

Nach der Entfaltung des moralischen Sinns gestaltet das abschließende Terzett den heilsgeschichtlichen Aspekt, den Verweis auf das Emporführen des Menschen (sensus anagogicus). Über den Lebensabend hinaus steht der Abend nun am Anfang eines neuen, des ewigen Morgens. Das abendliche Einschlafen des Körpers ist Bedingung des seelischen Erwachens. Damit ist der immanente Abendzustand entgrenzt und aufgehoben. Grenzüberschreitende Bewegung ist nur heilsgeschichtlich vollziehbar. Der einleitend von oben nach unten geführte Blick richtet sich am Ende mit der Zuwendung zum Jenseits wieder auf. Blickführung und die aufsteigende Auslegung nach dem vierfachen Schriftsinn erweisen sich als parallel geführt. Den Abschluß bildet nach rhetorischer Erwartung der Appell, hier in Gestalt der Anrufung Gottes im Gebet. Abend und Nacht haben sich verfinstert zur Nacht der Sünde und des Todes, aus der nur die Erlösung durch Gott den rettenden Weg weisen kann.

An der „Erfindung hänget stracks die Abteilung / welche bestehet in einer füglichen und artigen Ordnung der erfundenen Sachen“, führt Martin Opitz in seinem „Buch von der Deutschen Poeterey“ aus, das im 17. Jahrhundert verpflichtende Bedeutung gewann. Die Erfindung des Stoffs, die eigentliche gedankliche Durchführung, muß in einer angemessenen strukturellen Gestalt dargeboten werden. Angesprochen ist damit vor allem das Problem der Gattung (dispositio), die für den Barockdichter keineswegs nur ornamentalen Charakter, sondern in erster Linie emblematischen, d.h. bedeutungstragenden Wert hat. Die Form ist Sinnbild der ordnenden dichterischen Kraft, gerichtet gegen das Chaos der Welt, Ausweis des im göttlichen Auftrag sprechenden Subjekts.

Der Aufbau der Sonettform in zwei Quartette und zwei Terzette kommt der argumentativen Gedankenführung nach dem vierfachen Schriftsinn wie keine andere lyrische Dichtart entgegen. Streng verteilt sind die einzelnen hermeneutischen Schritte auf jeweils eine Sonetteinheit: der Wortsinn auf das erste Quartett, der allegorische Sinn auf das folgende und der moralische Sinn auf das erste Terzett, gefolgt im abschließenden Terzett vom heilsgeschichtlich-anagogischen

Sinn. Die Zäsur zwischen den Vier- und Dreizeilern entspricht im wesentlichen der wachsenden Distanzierung vom Vordergründig-Irdischen. Entwickelt sich der allegorische Sinn noch ganz aus dem Wortsinn, so hebt der moralische Sinn schon von der Bindung an das Weltliche ab und bereitet die Transzendierung als Ziel des Argumentationsprozesses vor.

Dem klaren, stringente Gedankenführung ermöglichenden Aufbau des Sonetts entspricht seine prosodische und klangliche Organisation. Der breit ausladende Alexandriner, mit seinen zwölf Silben ungewöhnlich lang für eine Gedichtzeile, ist das angemessene Medium gedanklicher Auseinanderfaltung. Die identischen Reimpositionen und die streng durchgeführte Zweireimigkeit in den Quartetten verweisen auf den Zusammenhang von Wortsinn und allegorischer Auslegung, auf die irdische Verknüpfung von Erscheinung und Wesen.

Deutlich abgesetzt sind die Terzette. Die ersten beiden paargereimten Zeilen bilden einen Block, der allein klanglich einen Einschnitt markiert und auf diese Weise die erreichte höhere Argumentationsebene unterstreicht. Gehaltlich korrespondieren damit die jeweils abschließenden, durch Reim verbundenen Terzettzeilen. Der ewig-helle Glanz nimmt bereits das Ziel des aus der Finsternis erlösten Menschen vorweg.

Die Kontrastführung zwischen den Quartetten und Terzetten spiegelt sich nicht zuletzt auch im syntaktischen Bereich. Während die Quartette mehrere Sätze umfassen, zieht sich durch die Terzette ein einziger, durch die Anrufung Gottes eingeleiteter Satz. Sinnfällig wird dadurch der zwingende Zusammenhang zwischen gläubig vertrauender, unerschütterlicher Lebensführung und der erhofften Erlösung.

Gerade die Gedichtform des Sonetts mit ihren strengen formalen Erwartungen erfordert ein Höchstmaß an Durchdringung und Gestaltung. Im kleinen wie im großen sind die einzelnen Elemente und Strukturen genau festgelegt und erlauben keine Ausnahme. Insofern liegt der ganzen Form etwas Artifizielles zugrunde, das aber hinwiederum der Intention des Barockdichters, die Dichtung zum Spiegel des ordo, der kosmischen Ordnung, zu machen, entgegenkommt. Das Sonett ist die wohl sinnfälligste literarische Entsprechung der streng strukturierten barocken Architektur.

Der Erfindung des Themas und seiner strukturellen Einkleidung folgt im Aufbau der Rede die angemessene sprachliche Fassung (elocutio). „Denn es muß ein Mensch ihm erstlich etwas in seinem Gemüte fassen / hernach das was er gefaßt hat ausreden." Wie schon im Bereich der Gattung so formuliert Opitz auch im Bereich des Stils die verbindlichen Normen seiner Zeit. Thema, Argumentation, Gattung und Stil müssen sich verbinden zu einem literarischen Mikrokosmos, in dem nichts zufällig, alles geordnet und wohldurchdacht sein muß. Nicht zuletzt diese hohen Erwartungen an die Formung ließen im Barock große lyrische Dichtung entstehen.

Die Stilisierung ermöglicht, im vordergründigen Wortsinn von vornherein Tiefgründigeres anzudeuten und verstehbar zu machen. Das Wortmaterial ist dem Barockdichter nicht bloßer Informationsträger, sondern weit darüber hinaus Gestaltungselement für eine über das Empirische hinausweisende dichterische Wirklichkeit. Der gesamte stilistische Bereich unterliegt der fortgesetzten Anstrengung der Transzendierung.

Auffällig ist bei Gryphius die immer wieder hervortretende Neigung zur Allegorisierung. So erscheinen Tag und Nacht gleich einleitend als allegorische Figurationen. Der attributiven („schnell") Personifikation des Tages folgt das belebte Bild der fahneschwingenden Nacht. Der Himmel ein Sternenbanner, emblematischer Hinweis auf den Sieg des Lichts über die Dunkelheit. Bekannt ist die in der Kunst häufig dargestellte Kreuzfahne bei Christi Auferstehung als

Ausdruck des Triumphs über den Tod. Die allegorische Darstellung entwertet die sinnliche Erscheinung zum Medium geistig-geistlichen Sinns. Im abgegrenzten Bild des gesetzhaft Wiederkehrenden erscheint das Flüchtige aufgehoben.

Neben der allegorischen Darstellung sind es Typisierung und Generalisierung, die das sinnlich Einmalige auf den exemplarischen Fall reduzieren. Mensch, Tier, Feld und Werk stehen jeweils für die Gattung bzw. die Funktion. Das Verlassen von Feld und Werk ist im allgemeinsten Sinn szenische Vergegenwärtigung des Sterbens. Das einzelne repräsentiert immer das Ganze, geht darin auf. Individuelles hat im barocken Weltbild keinen Platz, weil es immer nur als Teil der übergreifenden Ordnung vorgestellt wird. Sein singuläres Hervortreten müßte notwendig in das Chaos münden. Prinzip der situativen Schilderung ist die repräsentative und exemplarische Erfassung des Wesenhaften.

Zur allegorischen und generalisierenden Entwertung von Sinnlichkeit tritt die metaphorische. Sie beherrscht als Stilmittel des übertragenen Sinns vor allem das zweite Quartett. Zum emblematischen Bild verdichten sich die Vorstellungen des Hafens als Endstation des irdischen Lebens und des menschlichen Körpers als Gliederkahns. Was in moderner Sicht gewaltsam erscheinen mag, ist nur die konsequente Unterordnung der Erscheinung unter die Bedeutung. Im Prozeß der Metaphorisierung lösen sich die gegenständlichen Konturen auf. Eigenwillig ist die Vorstellung von dem sich nahenden „Port". Nicht der Mensch, sondern sein Tod ist die eigentlich bewegende Kraft. Dem einleitenden Bild des Hafens entspricht am Ende des zweiten Quartetts die als Vergleich dargebotene Vorstellung des menschlichen Lebens als Rennbahn. Das Dasein erscheint als ein irrwitziger, sich ständig im Kreis drehender Wettlauf, in dem der Mensch seiner unweigerlichen Niederlage entgegenläuft. Nicht die vita activa, das rastlose Geschichtshandeln, führt zu einem lohnenden Ziel, sondern allein die vita contemplativa, die besinnliche Distanzierung vom Welttreiben. Bietet sich der nahende Port als emblematisch gebrauchte Metapher der heranrückenden Sterbestunde als letzte, unbezweifelbare Wahrheit dar, so rückt der konjunktivisch eingeleitete Rennbahn-Vergleich das verglichene Leben auf Distanz und betont seine bloße Scheinhaftigkeit.

Wie gering der Wert des einzelnen veranschlagt wird, zeigt nicht zuletzt das Darstellungsprinzip der Kumulation, der Häufung von Bildvorstellungen und Begriffen, die dadurch nicht als selbständige Komplexe, sondern als Teile eines übergreifenden Ganzen gehandhabt werden. So wird die Hafen- und Kahn-Metaphorik als Ausdruck der Todverfallenheit gleich in der darauffolgenden Zeile durch das Emblem des verfallenen Lichts unterstützt.

Das Prinzip der Häufung, sowohl als Begriffshäufung als auch in Gestalt des anaphorischen Parallelismus im Satzbau, beherrscht vor allem die Terzette. In der asyndetischen Reihung von Ach, Pracht, Lust und Angst wird der Lebenszirkel auf eine Kurzformel gebracht und durch die wiederholte Negation pathetisch verneint. Eingeschlossen in die entwertenden Zustandsbeschreibungen Ach und Angst, verlieren Pracht und Lust jegliche Attraktivität. Die flankierenden Antithesen schnüren das, was als Kern des Lebens erscheint, ein und machen es zunichte. Im abschließenden Terzett bilden der müde Leib, der letzte Tag, der Abend und das Tal der Finsternis negative Variationen der Hinfälligkeit. Ihnen antwortet in heilsgeschichtlicher Erwartung der anaphorische Parallelismus des Satzbaus („Laß …“). Die vornehmlich negative Perspektivik auf der materialen Beschreibungsebene wird aufgebrochen durch die in der Gebetshaltung gründende syntaktische Dynamik.

Die prinzipielle Bindung des Barockdichters an autoritative Ordnungen spiegelt sich bei Gryphius immer wieder in den Anspielungen auf die Heilige Schrift. Auffällig sind im vorliegenden Sonett die wiederholten Anspielungen auf das Buch Hiob. Dort heißt es parallel zu den Bildvorstellungen in den Quartetten: „Meine Tage sind schneller gewesen denn ein Läufer; sie sind geflohen und haben nichts Gutes erlebt. Sie sind dahingefahren wie Rohrschiffe." (Hiob 9,25.26). Der Läufer verweist deutlich auf den Rennbahn-Vergleich. Auch die Abend- und Nachtsituation ist im Buch Hiob vorgeprägt: „Er breitet aus die Mitternacht über das Leere und hängt die Erde an nichts." (Hiob 26,7). Schließlich gewinnt das Verlassen von Feld und Werk durch die Anspielung auf die Bibel erst ihre ganze existentielle Tiefe: „Du darfst der Nacht nicht begehren, welche Völker wegnimmt von ihrer Stätte." (Hiob 36,20). Im positiven Sinn verweist das Buch Hiob bereits auf die Sterne als Sinnzeichen ewiger Ordnung: „Kannst du den Morgenstern hervorbringen zu seiner Zeit oder den Bären am Himmel mit seinen Jungen heraufführen? Weißt du des Himmels Ordnung?" (Hiob 38,32.33).

Durch die konsequente Bindung an das Buch Hiob erscheint der Mensch als hinfällige und leidende Kreatur, die aber in der unbeirrbaren Unbeugsamkeit, mit der sie das Leiden trägt, der Erlösung würdig wird. Der Barockdichter ist nicht originell im modernen Sinn. Im großen Welttheater spielt er seine ihm zugedachte Rolle des Auslegers und Deuters der Welt in heilsgeschichtlicher Perspektive. Seine Kunst gibt Zeugnis von der Ordnung der Schöpfung nach Maß, Zahl und Gewicht, wie es im Buch der Weisheit heißt. Im Chaos der Geschichte, in den blutigen Wirren des Dreißigjährigen Kriegs verweist der Barockdichter ordnend und gestaltend auf den göttlichen Kosmos.

Paul Fleming:

Ein getreues Herze wissen

Ein getreues Herze wissen
Hat des höchsten Schatzes Preis.
Der ist selig zu begrüßen,
Der ein treues Herze weiß.
Mir ist wohl bei höchstem Schmerze,
Denn ich weiß ein treues Herze.

Läuft das Glücke gleich zu Zeiten
Anders, als man will und meint,
Ein getreues Herz hilft streiten
Wider alles, was ist Feind.
Mir ist wohl bei höchstem Schmerze,
Denn ich weiß ein treues Herze.

Sein Vergnügen steht alleine
In des andern Redlichkeit,
Hält des andern Not für seine,
Weicht nicht auch bei böser Zeit.
Mir ist wohl bei höchstem Schmerze,
Denn ich weiß ein treues Herze.

Gunst, die kehrt sich nach dem Glücke,
Geld und Reichtum, das zerstäubt,
Schönheit läßt uns bald zurücke,
Ein getreues Herze bleibt.
Mir ist wohl bei höchstem Schmerze,
Denn ich weiß ein treues Herze.

Eins ist da sein und geschieden.
Ein getreues Herze hält,
Gibt sich allezeit zufrieden,
Steht auf, wenn es niederfällt.
Ich bin froh bei höchstem Schmerze,
Denn ich weiß ein treues Herze.

Nichts ist süßers, als zwei Treue,
Wenn sie eines worden sein.
Dies ists, das ich mich erfreue,
Und sie gibt ihr Ja auch drein.
Mir ist wohl bei höchstem Schmerze,
Denn ich weiß ein treues Herze.

(Aus: Paul Fleming: Gedichte. Hrsg. v. Hermann Oesterley. In: Deutsche National-Literatur Bd. 28. Berlin u. Stuttgart 1885. S. 75–76.) Die Orthographie wurde dem modernen Gebrauch angeglichen.

Der Erstdruck des Gedichts erfolgte 1642, zwei Jahre nach Flemings frühem Tod. Auf der großen Gottorper Gesandtschaftsreise nach Persien sah sich Fleming durch die Umstände gezwungen, über ein Jahr Station in Reval zu machen. Dort lernte er schon früh Elsabe Niehusen, die Tochter eines Kaufmanns, kennen und gestand ihr seine Liebe. Zu einem endgültigen Zerwürfnis kam es, als er gegen ihren Willen die Reise nach Persien fortsetzte. Das Gedicht dürfte 1636 während der Reise entstanden sein, als Fleming noch hoffte, Elsabe für sich zu gewinnen. Die Anfangsbuchstaben der Strophen von oben nach unten gelesen ergeben „ELSGEN“, die Koseform ihres Vornamens (Akrostichon).

Der biographische Bezug ist jedoch nicht Selbstzweck, sondern Anlaß, das Wesen der Liebe, ihren allgemeinen Wert und orientierenden Sinn zu erörtern. In den Liebenden und ihrer individuellen Liebesbeziehung offenbart sich das kollektive Liebesideal. Nur diese Tendenz zur wesenhaften Vertiefung im Sinne repräsentativer Bedeutsamkeit macht das biographische Ereignis erwähnenswert.

Thesenartig verallgemeinernd setzt das Gedicht ein. Die wiederholte Wertschätzung desjenigen, der um ein treues Herz weiß, geschieht noch ohne einen konkreten, persönlichen Bezug. Erst der Refrain läßt einen solchen Bezug erkennen. Die persönliche Bindung ist von vornherein eingebettet in die allgemeine Erwartung und erscheint als deren Erfüllung. Jenseits von Spontaneität und Leidenschaft gewinnt Liebe als vor allem ethischer Wert Gestalt. Der dem modernen Leser vertraute Herz-Schmerz-Reim formuliert keine Liebesklage, sondern sittliche Stärkung des Liebenden im Leiden. Wichtiger als süßliches Schmachten ist der sittliche Ernst.

Der einleitenden These schließt sich die vergewissernde Beweisführung, dem Begriff des treuen Herzens seine Definition an. Auch hier, im Bereich der argumentativen Strukturierung, verbleibt alles im Bereich des Gedanklichen. Affektives Pathos, sinnliches Begehren weichen der besonnenen Erörterung und geistigen Durchdringung.

Das Herz der Geliebten ist der Sitz höchster Tugenden, ein unerschütterliches Bollwerk im Andrang der Zeit. Fest, ohne zu schwanken, steht es im Strom der Ereignisse, in der von der Fortuna, dem launischen Glück, beherrschten Geschichte. Ohne Macht ist der Mensch, das, was geschieht, zu verändern, aber es ist seine Aufgabe, dem ständig sich Verändernden, dem Flüchtigen das Unveränderliche und Dauerhafte seiner sittlichen Überzeugung entgegenzustellen. Fortuna und constantia, die Tugend der Standhaftigkeit, bilden ein durchaus antithetisches Lebenskonzept, das hier aus der Sicht des Liebenden Gestalt gewinnt. Liebe ist ein Zustand äußerster Verinnerlichung, daher dem äußeren Geschehen der Geschichte entgegengesetzt. Liebend wird dem Menschen die Antinomie von blindem Geschichtswalten und dem tugendhaft gefestigten inneren Zustand bewußt. Der bewußt Liebende zeichnet sich dadurch aus, daß er das Wohl des anderen für das eigene hält.

Ein christlicher Stoizismus gibt sich zu erkennen. Richtig begehren heißt, seine Innerlichkeit gegenüber allem Äußerlichen zur höchsten Kraft zu steigern, keinem Geschick sich zu beugen, durch keine Macht sich brechen zu lassen. Die Fortuna beherrschte Welt mit ihrem Angebot an materiellem Reichtum und äußerer Schönheit ist eine trügerische, im Grunde leere Wirklichkeit, eine Welt der Vergänglichkeit, der vanitas. Gegen die Hinfälligkeit des Irdischen, gegen den horror vacui, den Schrecken vor der weltlichen Leere, setzt der Liebende das Herz seiner Geliebten, das Bewußtsein einer unwandelbaren Existenzweise. Im Paradox „Eins ist da sein und geschieden" wird das Wesen der Liebe ansichtig. Ob in der Gegenwart oder in der Ferne, ihre innere Kraft ist unabhängig von Raum und bloßer Sinnlichkeit, allein die Gewißheit, in ihrem Bewußtsein zu leben, verleiht den Liebenden die Überlegenheit allem Geschehen gegenüber. Liebe ist die Quelle des Gleichmuts und der Seelenruhe, der Unerschütterlichkeit, der stoischen Ataraxie.

Standhaftigkeit und Gleichmut bieten der geschichtlichen Fortuna ebenso Paroli wie der vanitas mundi. Liebe ist die zentrale konstruktive und sinnstiftende Kraft in einer von blinder Destruktivität beherrschten Welt.

Ihre Bestimmung bildet den Kern des Gedichts, in strenger Symmetrie flankiert von der einleitenden thesenartigen Sentenz und der abschließenden Folgerung. Das allgemeine Bewußtsein vom Wert der Liebe steigert sich zur Gewißheit des Einsseins mit der Geliebten. Das Bekenntnis zum treuen Herzen und dessen Bestimmung münden in die Erfüllung höchsten sittlichen Glücks. In Abkehr von den Gepflogenheiten der galanten Lyrik konzentriert sich das lyrische Subjekt bei Fleming ganz auf die innere Werthaftigkeit. Weder Sinnliches noch Erotisches werden angesprochen, ganz ins Ethische gewendet ist von vornherein die allocutio, die eigentlich erotische Argumentation der galanten Dichtung.

Fleming verinnerlicht die petrarkistische Tradition nicht nur, vielmehr hebt er sie in einer Art Kontrafaktur geradezu auf. Die visuellen Sensationen und deren manierierte metaphorische Darbietung treten völlig zurück. Geliebte und Liebender verhalten sich nicht wie Herrin und Sklave zueinander, sondern wie zwei sittlich gefestigte Persönlichkeiten. Das harte Herz der Frau, üblicherweise Ausdruck der Unerweichbarkeit für die Liebesklagen, erscheint hier in überraschender Vertiefung als Sitz unerschütterlicher Standhaftigkeit. An die Stelle des koketten Spiels mit Erfüllung und Versagung tritt die reife sittliche Entscheidung.

Liebe setzt das Wissen um die ethische Werthaftigkeit voraus, an der der einzelne teilhat, indem er sich dem Vorbildlichen, im Du verkörperten Wert gegenüber öffnet. Liebe im tiefsten Sinn ist transzendierende Hingabe, Entfaltung der eigenen Person in der Teilnahme am Sein des andern. Die vornehmste Aufgabe des Refrains besteht darin, dieses Bewußtsein des andern, den Bezug zur vorbildlich sittlichen Verkörperung herauszustellen. In der klanglich-rhythmischen Wiederkehr spiegelt sich die Unerschütterlichkeit des Bekenntnisses. Weit über das Ästhetische hinaus ist die Formung Ausdruck des Sittlichen. Nur an einer Stelle, und zwar in der fünften Strophe, ist der Refrain leicht abgewandelt. An die Stelle des unpersönlichen „Mir ist wohl“ tritt das persönliche „Ich bin froh“. Die Variation betont vor allem das Ende der argumentativen Bestimmung des treuen Herzens und markiert dadurch den überleitenden Einschnitt vor der lyrischen peroratio in der Schlußstrophe.

Die sechszeilige Strophe mit ihren vierhebigen Trochäen, bestehend aus vier einleitend kreuzgereimten und zwei abschließend paargereimten Zeilen bei vorwiegend klingender Kadenzbildung, erweckt einen mehr liedhaften Eindruck. Flemings Gedicht gehört im Unterschied zu der strenger gebauten pindarischen Ode zu der sogenannten „gemeinen

Ode“, die bereits Opitz ausdrücklich empfiehlt. Zugleich weist er, um der Gefahr drohender Veräußerlichung vorzubeugen, auf die Wichtigkeit von Sentenzen und Lehren hin. Wie schon der Refrain so ist bei Fleming die strophische Gesamtstruktur durchdrungen von der tieferen Aussage. Rein formal entspricht zunächst die Sechszeiligkeit der Anzahl von sechs Strophen. Die Sechszahl als numerus perfectus – in sechs Tagen erschuf Gott die Welt – verweist emblematisch auf die Vollkommenheit des Schöpfungswerks und der Kreatur. Die vier einleitenden Zeilen korrespondieren mit den vier Binnenstrophen, während der paargereimte Refrain dem Rahmen entspricht, bestehend aus der ersten und letzten Strophe, die die These bzw. die Folgerung enthält. Die jeweils in den Paarreim mündende Strophe spiegelt die Entwicklung zur Einswerdung der Liebenden. Die klanglich-liedhafte Wirkung ist Ausdruck der erreichten Harmonie.

Strukturelle Formung ist bei Fleming nicht anders als bei Gryphius Bekenntnis zum ordo, dessen sichtbar emblematischer Ausdruck das Kunstwerk darstellt. In seinem Glauben wie in seiner Liebe sieht sich der Barockdichter immer auf das Dauerhafte, auf das Wesentliche verwiesen, auf das, was hinter den Erscheinungen liegt und doch paradoxerweise im Schein der Kunst Gestalt gewinnt. In der Dialektik von entwerteter Erscheinungswelt und erscheinendem Wert in den Dingen offenbart sich die Spannung der Lebensstimmungen zwischen carpe diem und memento mori, zwischen renaissancehafter Lebensliebe und dem Sündenbewußtsein im Zeitalter von Reformation und Gegenreformation. Die Liebe Flemings zu einem Mädchen aus Fleisch und Blut, diskret verborgen im Akrostichon und eigentlicher Ausgang des Dichtens, ist geläuterte, sublimierte Sinnlichkeit, erotische Ethik, die Vergeistigung des Körperlichen in künstlerischer Gestalt. Das Gedicht mit seiner kalkulierten Strukturierung verleiht der Geliebten und der Liebe zu ihr Dauer, ähnlich wie die Macht des Fürsten im barocken Schloßbau verewigt werden sollte, mit dem das Gedicht mit seinem deutlich abgegrenzten Mittelteil und seinen beiden Flügelstrophen durchaus vergleichbar ist. Das Gedicht wird zu einer die Zeiten überdauernden Architektur der Liebe.

Die sprachliche Gestaltung ist Spiegel der constantia, der Standhaftigkeit im Fluß der Zeit. Wie ein Riegel schließt der paargereimte Refrain jede einzelne Strophe ab und bringt den beliebig fortsetzbaren Wechsel der kreuzgereimten Zeilen zum Stillstand. Verstärkt wird diese Tendenz insbesondere in der einleitenden Thesenstrophe durch die chiastische Flügelstellung der beiden sinngemäß identischen Zeilen „Ein getreues Herze wissen" und „Der ein treues Herze weiß".

Dominierender Ausdrucksträger ist erwartungsgemäß das Nomen. In diesem Bereich sind die rhetorischen Formungen besonders auffällig. Ziel der Aussage ist das Herz, ein im Gedicht synekdochisch verwendeter Begriff, wodurch der ganze Mensch reduziert erscheint auf seinen sittlichen Kern. Die Ersetzung des Ganzen durch das Teil erweist sich als ein extrem von der sinnlichen Erscheinung abstrahierender Stilzug. Dies gilt ebenso für die Allegorisierungen des Glücks, der Gunst und der Schönheit. Ihre personifizierende Verwendung ruft die Vorstellungen der Fortuna und der Frau Welt wach. An die Stelle einzelner Phänomene tritt der veranschaulichende Begriff. Den konkreten Substantiven „Geld" und „Reichtum" stehen die abstrakten „Vergnügen", „Redlichkeit" und „Not" gegenüber. Nur die durch die letzteren bezeichneten inneren Zustände und Werte sind dauerhaft, sie machen das eigentlich Menschliche aus, während das Materielle in Anspielung auf das Bibelwort, daß alles, was aus Staub gebildet, auch wieder zu Staub werden muß, „zerstäubt". Bestand hat nur das Immaterielle. Die exponierte Stellung der nominalen Ausdrucksträger zusammen mit ihrer spezifisch rhetorischen Stilisierung betonen das Zuständliche vor dem Ereignishaften, die Unbewegtheit der sittlichen Persönlichkeit angesichts einer hektischen, ständig in Trümmer zerfallenden Geschichtswelt.

Das Verb setzt kaum eigene Akzente und bleibt in seiner Verwendung in der Regel blaß. Im Vordergrund steht die Bezeichnung innerer Vorgänge. Wo auf den ersten Blick Tätigkeiten gemeint sind wie in den Wendungen „Ein getreues Herz hilft streiten“ oder, ebenfalls bezogen auf das Herz, „Steht auf, wenn es niederfällt“, handelt es sich in Wahrheit um übertragenen, verinnerlichenden Gebrauch. Die Vorstellungen vom laufenden Glück und dem zerstäubenden Reichtum stehen von vornherein in entwertenden Antithesen. Nicht das Handeln zählt, sondern allein das sittliche Beharren.

Eine besondere Stellung nehmen die Sentenzen ein, in denen die wesentlichen Erkenntnisse verallgemeinert werden. Die Unumstößlichkeit des Urteils verbindet sich jeweils mit besonders einprägsamer Formulierung. In den ersten beiden Zeilen der Einleitungs- bzw. Abschlußstrophe ist es der hyperbolische Ausdruck „des höchsten Schatzes Preis“ und „Nichts ist süßers“, der jeden Widerspruch ausschließt und die Aussage ins Allgemeingültige erhebt. In der für die Liebesauffassung zentralen Zeile „Eins ist da sein und geschieden“ sticht vor allem das Paradoxon hervor, das hinter der vordergründigen Erfahrung auf den tieferen Sinn verweist. Die Sentenz kondensiert die unumstößliche ethische Erkenntnis und macht diese als Orientierungspunkt dauerhaft verfügbar.

Flemings Gedicht ist in Umkehrung (immutatio) petrarkistischer Traditionen ein Bekenntnis zur sittlichen Kraft der Liebe angesichts der vom Haß zerrissenen Geschichtswelt des Krieges, der in der Kindheit Flemings ausbrach und dessen Ende er nicht mehr erlebt hat. Anders als Gryphius etabliert er den sinnstiftenden Wert in der Immanenz selbst, in Übereinstimmung mit Gryphius aber erteilt er der bloßen Erscheinungswelt ebenfalls eine deutliche Absage. Das, was täglich sich ereignete, blutige Gestalt gewann und Gewordenes fortgesetzt vernichtete, konnte nicht das wahrhaft Wertvolle sein. Der eigentliche Wert mußte tiefer liegen, unzerstörbar entzogen dem brutalen Zugriff des Kriegs. Gryphius fand die allein ordnungsstiftende, wertgebende Kraft im Glauben, Fleming in der Liebe. Beiden literarischen Entwürfen gemeinsam ist die Sehnsucht nach den „harmonices mundi“, von denen der barocke Naturforscher Johannes Kepler im humanistischen Geist gesprochen hatte.

Matthias Claudius:

Abendlied

Der Mond ist aufgegangen,
Die goldnen Sternlein prangen
Am Himmel hell und klar;
Der Wald steht schwarz und schweiget,
Und aus den Wiesen steiget
Der weiße Nebel wunderbar.

Wie ist die Welt so stille,
Und in der Dämmrung Hülle
So traulich und so hold!
Als eine stille Kammer,
Wo ihr des Tages Jammer
Verschlafen und vergessen sollt.

Seht ihr den Mond dort stehen? –
Er ist nur halb zu sehen,
und ist doch rund und schön!
So sind wohl manche Sachen,
Die wir getrost belachen,
Weil unsre Augen sie nicht sehn.

Wir stolze Menschenkinder
Sind eitel arme Sünder
Und wissen gar nicht viel;
Wir spinnen Luftgespinste
Und suchen viele Künste
Und kommen weiter von dem Ziel.

Gott, laß uns dein Heil schauen,
Auf nichts Vergänglichs trauen,
Nicht Eitelkeit uns freun!
Laß uns einfältig werden
Und vor dir hier auf Erden
Wie Kinder fromm und fröhlich sein!

Wollst endlich sonder Grämen
Aus dieser Welt uns nehmen
Durch einen sanften Tod!
Und, wenn du uns genommen,
Laß uns in Himmel kommen,
Du unser Herr und unser Gott!

So legt euch denn, ihr Brüder,
In Gottes Namen nieder;
Kalt ist der Abendhauch.
Verschon uns, Gott! mit Strafen,
Und laß uns ruhig schlafen!
Und unsern kranken Nachbar auch!

(Aus: Matthias Claudius: Werke. Hrsg. v. Urban Roedl. Stuttgart 1953. S. 264–265.)

Das „Abendlied“ von Matthias Claudius gehört zu den bekanntesten und vertrautesten Gedichten der deutschen Literatur. Es erschien 1771 im Vossischen Musenalmanach und fehlte fortan in keiner der gängigen Anthologien. In der Vertonung von Johann Abraham Peter Schulz („Lieder im Volkston“, 1782–90) sicherte es sich bald einen festen Platz im Repertoire des deutschen Liedes.

Gottfried Keller nennt das „Abendlied“ einen „Wegweiser in die ewige Heimat". Er hebt damit die transzendierende Blickführung und die metaphysische Tendenz hervor. Das populäre Verständnis indes ging andere Wege. Überwiegend empfand man weniger den Jenseitsbezug als vielmehr die innerweltliche Idyllik. Man betonte den Trost der Stille, die Geborgenheit in der trauten Abendwelt. Dichtung wird so einmal mehr zum Palliativ in einer fortwährend Schmerz und Leid zufügenden Wirklichkeit, sie birgt den leidgeprüften, Zuflucht suchenden Erdenbürger in ihrem abschirmenden Innenraum, für den die abendliche Natur bei Claudius die Kulisse abzugeben scheint.

Liest man das Gedicht jedoch genauer, so kommen Zweifel an der Auffassung von der innerweltlichen Idyllik auf. Der kalt wehende Abendhauch verweist auf tragisches Empfinden, auf ein immer gegenwärtiges, nie verstummendes Leiden in und an der Welt. Krankheit und Tod sind nicht abwendbar vom irdischen Menschen, sie sind Grunderfahrungen seiner Existenz und seinem Bewußtsein eingraviert. Das „Abendlied" ist fern von idyllischen Beschönigungen ein Todesgedicht, geschrieben aber aus der Heilserwartung des gläubigen Christen, es ist weniger historischer Reflex als existentielle Vergewisserung. Man mag die Hoffnung des Dichters nicht teilen, unentrinnbar bleibt dennoch die Frage nach dem Sinn des Todes, bedrängend und fordernd, die Frage, auf die nur die hoffende Zuversicht, das Vertrauen des Glaubens eine Antwort bereitzuhalten scheint. Das idyllische Verständnis hat den tiefen existentiellen Ernst verharmlost, die vertraute Melodie viel dazu beigetragen, die illusionslos gezeichnete irdische Situation gemüthaft stimmungsvoll zu verklären.

Grundlegend für die Deutung des Gedichts ist die genaue Beschreibung der Blickführung. Mond und Sterne und in der Totalen der ganze Himmel, attributiv verknüpft mit positiven Eindrücken und Vorstellungen, beherrschen gleich einleitend das Blickfeld des lyrischen Subjekts. Über die nächtliche Erde hinaus öffnet sich die Sicht auf die hoch oben in der Dunkelheit aufgehenden Lichter, magisch anziehend und die Aufmerksamkeit bannend. Farblich und motorisch bilden dazu die Schwärze und Stummheit des Waldes einen harten Kontrast. Unvermittelt fällt der Blick auf die düstre irdische Szene. An die Stelle der himmlischen Idylle, der sehnsüchtig betrachteten, anheimelnden Ferne tritt die unheimliche Kulisse in bedrohlicher, angsteinflößender Nähe. Aber bereits mit dem aus den Wiesen aufsteigenden Nebel richtet sich auch der Blick wieder empor, langsam, doch unaufhaltbar. Fällt der syntaktische Einschnitt zwischen der dritten und vierten Zeile deutlich aus, so ist der Übergang von der vierten zur fünften Zeile vergleichsweise fließend, entsprechend dem leichten, ätherischen Nebel, der in seiner Bewegtheit und seiner Färbung die Unheimlichkeit des stillen, schwarzen Waldes wieder aufhebt. Eine durchaus dialektische, dynamische Blickführung also, die die zuständlichen Grenzen transzendiert.

Auffällig im Vergleich mit barocker Motivik und ihrer rhetorischen Darbietung ist die einfühlsame empirische Schilderung. Nicht die Stilisierung steht im Vordergrund, sondern die empfindsame Wiedergabe des konkret Beobachteten. Spürbar ist der wachsende Einfluß sensualistischer Positionen, spätestens seit der Mitte des 18. Jahrhunderts. Sinnliche Empfindung der Wirklichkeit und individuelles Gefühl erschienen nun als die intuitiven Voraussetzungen für überzeugende und tragfähige Erkenntnis. Nur dem ursprünglich Empfindenden, davon war man überzeugt, erschloß sich die Wahrheit über sich selbst und über die Welt.

Für den gläubigen, deistische Positionen ablehnenden Christen Claudius aber sind die empirischen Erscheinungen Offenbarungen des persönlichen Schöpfergottes, der in der Schöpfung gegenwärtig ist und über die persönliche Erfahrung zu seinen Geschöpfen spricht. Nicht länger unterliegt die Erscheinungswelt als Welt der Sünde einer allegorischen Entwertung, sondern ist sinnlicher Spiegel der Gottheit, symbolische Präsenz des Schöpfers selbst.

Der Abend bedeutet auch bei Claudius Endzeit, aber jenseits rhetorischer Stilisierung viel naiver und sinnlicher erlebt als etwa bei Gryphius. Mit seinen die Dunkelheit durchbrechenden Lichtern verweist der Abend auf einen Neubeginn. Mond und Sterne lenken den Blick nach oben, weg von dem schwarzen, stummen Wald, weg von der Finsternis und dem Schweigen des Todes. Der weiße Nebel, ätherisch von unten nach oben aufsteigend, antizipiert im luftig bewegten Bild, in pneumatisch sinnfälliger Symbolik den Aufstieg der Seele.

Die erste Strophe faßt wie eine Ouvertüre das Kernthema des Gedichts zusammen: das Absterben irdischen Lebens und die Jenseitsorientierung der Seele im Rahmen der gläubig empirisch-empfindsamen Vergewisserung ihres metaphysischen Ziels. Die Dialektik von unbehauster irdischer Existenz und der ewigen jenseitigen Geborgenheit des Menschen spiegelt sich nicht zuletzt in der Zweigliedrigkeit der Strophe. Auf die durch Paarreim verbundenen Einleitungszeilen folgen jeweils vier Zeilen in umarmender Reimstellung. Der so entstehende Schweifreim (aa b cc b) verknüpft die Versblöcke miteinander, so daß sich eine sinnfällige Entsprechung ergibt zwischen Reim- und Blickführung, den fließenden Übergang vom Irdischen ins Himmlische in der Harmonie von Perspektive und Klang unterstreichend.

Die Entfaltung der umrissenen Kernthematik ist Gegenstand der nachfolgenden Strophen. Strukturierend wirkt die alternativ gehandhabte Blickführung. In der zweiten Strophe dominieren die Bilder des Todes, in der Sicht des Hoffenden jedoch empfindsam abgetönt und gemildert. Die Hülle der Dämmerung versinnbildlicht ebenso wie die stille Kammer das Grab, wobei die Dämmerung, sowohl als Abend- als auch als Morgendämmerung verstehbar, auf den Zusammenhang von Tod und Auferstehung verweist. Entsprechend spiegelt sich im Euphemismus des Verschlafens die Totenruhe bis zum Morgen des Erwachens zur Ewigkeit. Traulich und hold ist die Welt, weil sich in ihr in sinnlicher

Gestalt der geistliche Gehalt offenbart, sich dem Verstehenden überall Zugänge öffnen zu den Botschaften des Glaubens. Der Dichter weist den anderen den Weg. Zum erstenmal, am Ende der zweiten Strophe, spricht er seine Zuhörer bzw. Leser an, tritt mit ihnen in ein dialogisches Verhältnis. Seine Erfahrungen und Empfindungen drängen nach Mitteilung. Der Dichter sieht sich weder olympisch erhöht noch genialisch isoliert, sondern ist Glied einer Gemeinschaft, seine Aufgabe erfüllt sich in einer sozialethisch motivierten Praxis.

Mit dem Hinweis auf den Mond lenkt er den Blick seiner Zuhörer wieder empor zum Himmel. Ebenso gewiß wie die Existenz der erdabgewandten Seite des Trabantengestirns ist die Existenz des erlösenden Gottes und des verheißenen Jenseits. Schlicht, unter Verzicht auf rhetorische Überhöhung, wird der aus sich selbst sprechende Verweis formuliert. Die „Sachen“ sprechen von Gott, der Mensch muß nur hinhören. Der Dichter ist kein poeta doctus, kein vates im Besitz höherer Weisheiten, er verfügt einzig und allein über eine gesteigerte Beobachtungs- und Empfindungsgabe, an der er die anderen teilhaben lassen möchte. „Helle reine Kieselsteine“ sind die Dichter für Claudius, „an die der schöne Himmel und die schöne Erde und die heilige Religion anschlagen, daß die Funken herausfliegen“. In erster Linie aber sind sie Mitmenschen, ihnen zugewendet und eins mit ihnen. Am Ende der dritten Strophe wechselt die Anrede „ihr“ bereits in das solidarische „wir“. Der Dichter ist davon überzeugt, daß alle, einmal dazu angestoßen, fähig sind zur Selbst- und Welterfahrung und damit zur gläubigen Vergewisserung, indem sie des göttlichen Sinns der empirischen Welt inne werden. In der solidarischen Geste drückt sich das Vertrauen auf die erkennende Empfindung aller Mitgeschöpfe aus.

Im Schlechten wie im Guten, in der Wahrheit wie im Irrtum weiß sich der Dichter mit allen anderen verbunden. Der empirischen Erkenntnishaltung mit erhobenem, naiv staunendem Blick setzt er in der nächsten, wieder der irdischen Situation zugewendeten Strophe, die „Luftgespinste“ entgegen, das spekulative Theoretisieren und die Abstraktionen. Gefühl, Empfindung und Sinn bedeuten dem Sensualisten Claudius ungleich mehr als Verstand, Logik und Regel. Nicht die objektive Wahrheit interessiert ihn, sondern die subjektive Vergewisserung. Der Rationalismus mit seiner deistischen Überzeugung kann aus solcher Sicht in der Tat nur weiter vom metaphysischen Heilsziel des Menschen fortführen.

Nicht das angestrengte Denken, das Einzwängen der Schöpfung in universelle Systeme führen zur Erkenntnis. Das naiv gläubige Vertrauen, die kindliche Spontaneität und Offenheit, das bescheidene Hinhorchen und Hinsehen weiten den Blick und eröffnen Zugänge zu dem, was den Menschen heilsam ist. In diesem Sinn folgt der Erhebung des Blicks in der dritten Strophe in der fünften die Erhebung der Stimme. Unmittelbar schließt sich daran in konsequenter Steigerung die gebethafte Bitte um die erlösende Erhebung des ganzen Menschen ins Jenseits. Parallel dazu weicht der bisher vorherrschende deskriptive einem in der Gebetshaltung begründeten imperativischen Stil. Der Wechsel von der Aussage zur Aufforderung, verbunden mit der unmittelbaren Anrufung Gottes, entspricht der transzendierenden, von Anfang an betonten Grundhaltung des Gedichts. In dem Maße, wie die Beobachtungen und Empfindungen des Geschaffenen auf den Schöpfer verweisen, erhebt sich mit dem Blick und der Stimme auch die Sprache. Die Erfahrung mündet ins Gebet.

Die Strophen fünf und sechs mit ihrer durchgehaltenen jenseitsorientierten Blickführung durchbrechen den bisher streng beachteten alternativen Wechsel von irdischer und himmlischer Zuwendung. Dadurch werden auf der einen Seite die Gebetshaltung intensiviert und die Übermacht der über die irdischen Grenzen hinausdrängenden metaphysischen Sehnsucht betont, auf der anderen Seite leitet das

Durchbrechen der Alternation das Finale ein. In der fünften und sechsten Strophe kommt das Pendeln zwischen Immanenz und erhoffter Transzendenz vorläufig zur Ruhe, so daß ein Vorschein des ewigen Friedens spürbar wird. Das Gebet nimmt vorweg, was einmal sein wird, zugleich zeigt aber gerade die Gebetssituation das Fernstehen von der letzten Erfüllung an.

Bevor der Mensch selbst erhoben wird, muß die irdische Situation bestanden und durchlitten werden. Sie bildet die unmittelbar gegebene Wirklichkeit. Folgerichtig vollzieht das Gedicht erneut die Rückwendung zum Diesseits und klingt damit aus, die Entfernung zwischen Verheißung und Erfüllung unterstreichend. Die abschließende Strophe bedeutet Herausforderung an die Hoffnung des Glaubens. Illusionsloser kann die irdische Situation nicht geschildert werden. Keine Rede ist mehr von Mond und goldenen Sternen, der Abend zeigt ein abweisendes, kaltes Gesicht. „Kalt ist der Abendhauch." Aus der Dunkelheit, der Gewißheit des Endes und des Sterbens weht es den Menschen kalt an. In der Sterbestunde treten selbst die empirischen Vergewisserungen zurück, einzig die Hoffnung vermag den Menschen aufrechtzuerhalten. In der Bewegungsführung extrem entgegengesetzt sind Anfangs- und Schlußstrophe. Dem aufgehenden Mond entsprechen die sich niederlegenden Brüder. Die Bewegungen verlaufen gleichsam in entgegengesetzte Richtungen und fordern so in einer gesteigerten Mitleidsgebärde die Erlösung der Kreatur heraus, die in ihrer furchtbaren Einsamkeit vergehen müßte, wenn Gott sie nicht zu sich emporzöge.

Das Abendlied ist ein ebenso schonungsloses wie trostreiches Gedicht. Es konfrontiert den Leser mit der Unausweichlichkeit seines irdischen Endes und macht ihn zugleich empfänglich für die Hoffnung. Keine diesseitige Idylle zeichnet sich ab, sondern das Ziel des Glaubens als Trost und Verheißung. Ein religiöses Gedicht zweifellos, aber ein großes, künstlerisch vollendetes an einer für die Entwicklung deutscher Lyrik entscheidender geschichtlicher Stelle. Nicht länger liefert der empirische Lebensraum lediglich das Material für die rhetorisch überhöhende Stilisierung, sondern ist selbst Gestalt geistiger Offenbarungen. Auf der Grundlage intuitiver Erkenntnis und subjektiver Empirie vermag der einzelne fortan seinem individuellen Bewußtsein Ausdruck zu geben. Claudius ist neben dem jungen Goethe einer der wichtigen Wegbereiter moderner Lyrik, insofern man die konkrete Empfindung als Maßstab zugrunde legt. Das lyrische Subjekt emanzipiert sich von den übergreifenden universellen Bindungen und bekennt sich zur intuitiven Selbsterfahrung. Von Claudius führt der Weg zum Empfindungslied des 19. Jahrhunderts über die allmähliche Säkularisierung der noch vornehmlich religiösen Gehalte.

Friedrich Schiller:

Nänie

Auch das Schöne muß sterben! Das Menschen und Götter bezwinget,
Nicht die eherne Brust rührt es des stygischen Zeus.
Einmal nur erweichte die Liebe den Schattenbeherrscher,
Und an der Schwelle noch, streng, rief er zurück sein Geschenk.
Nicht stillt Aphrodite dem schönen Knaben die Wunde,
Die in den zierlichen Leib grausam der Eber geritzt.
Nicht errettet den göttlichen Held die unsterbliche Mutter,
Wann er, am skäischen Tor fallend, sein Schicksal erfüllt.
Aber sie steigt aus dem Meer mit allen Töchtern des Nereus,
Und die Klage hebt an um den verherrlichten Sohn.
Siehe! Da weinen die Götter, es weinen die Göttinnen alle,
Daß das Schöne vergeht, daß das Vollkommene stirbt.
Auch ein Klaglied zu sein im Mund der Geliebten, ist herrlich,
Denn das Gemeine geht klanglos zum Orkus hinab.

(Aus: Friedrich Schiller: Gedichte, Prosa. Hrsg. v. B. von Wiese. Frankfurt/M. 1959. S. 187–188.)

„Nänie" ist Schillers letzte Elegie, geschrieben sechs Jahre vor seinem Tod und 1800 zum erstenmal gedruckt. In Aussage und Ton erinnert sie an die Totenklage Theklas im zwölften Auftritt des vierten Aufzugs von „Wallensteins Tod".

Nänie, lat. nenia, ist die literarisch nicht fixierte, künstlerisch anspruchslose Totenklage, beim Leichenbegängnis von den Verwandten des Verstorbenen oder von bezahlten Klageweibern zur Flöte vorgetragen. Verdrängt wurde sie von der anspruchsvolleren laudatio funebris, der Leichenrede, zur Verherrlichung der Taten und Tugenden des Toten. Schiller übernimmt zwar die ältere, volkstümliche Bezeichnung, aber hebt in Stil und Argumentationsführung auf die kunstgemäßere Form ab.

Das zugrunde gelegte Distichon, bestehend jeweils aus einem Hexameter und einem Pentameter, gilt in der deutschen Literatur spätestens seit Klopstock als sogenanntes elegisches Versmaß. Die unterschiedlich strukturierten Verszeilen, der fließende Hexameter und der durch das Aufeinandertreffen zweier Hebungen mehr stauende Pentameter, erwecken bereits prosodisch den Eindruck von Antithetik, der für die gedankliche Darbietung spannungsreicher Themen, wie im vorliegenden Fall der Antithese von Schönheit und Tod, geeignet schien.

Der Anschluß Schillers an die rhetorische Tradition der Leichenrede ist offenbar und wirkt von Anfang an strukturbildend. Nicht der Tod eines bestimmten Menschen wird beklagt, nicht einmal der akute Fall eines Ablebens, sondern ganz allgemein das unausweichliche Sterbenmüssen des Schönen. Nicht das individuelle, sondern das kollektive Sterben ist gemeint, das alle Sterblichen gleichermaßen betrifft. Damit ist im rhetorischen Sinn ein unbezweifelbarer Tatbestand in Sentenzform ausgesprochen, der durch den Hinweis auf den „stygischen Zeus", den Gott der Unterwelt, noch einmal mythologisch veranschaulicht wird. Die laudatio funebris ist ein spezieller Anwendungsfall der epideiktischen Rhetorik mit der Intention zu loben. Da hier aber nicht von einem bestimmten Toten die Rede ist, sondern vom allgemeinen Tod des Schönen, tritt die Trauer an die Stelle des Lobs, das Ausmaß der Trauer aber, die Menschen und Götter gleichermaßen bezwingt, zeigt jedoch die Größe des Verlusts an und verweist, indirekt lobend, auf den hohen Wert des fortgesetzt Dahingehenden.

An den unbezweifelbaren Tatbestand, daß das Schöne sterben muß, schließt sich die weitere Argumentation an. Beweisführend im Sinn der Bestätigung der einleitenden Sentenz werden zunächst drei Beispiele genannt, die über ihre Beweiskraft hinaus näheren Aufschluß geben über die Art des Schönen, das in der einleitenden Formulierung noch ziemlich allgemein bleibt. In allen drei Fällen handelt es sich um den leiblichen Tod schöner, mit der Welt der Götter verbundener Wesen in Menschengestalt.

Das erste Beispiel scheint zunächst konträr zu verlaufen, da Orpheus die Erlaubnis erhält, die an einem Schlangenbiß gestorbene Nymphe Eurydike aus dem Hades zurückzuholen. Aber da Orpheus sich nicht beherrschen kann und sich nach ihr umsieht, ist Eurydike für immer verloren. Im Gedicht ist dieses menschliche Versagen jedoch ausgespart. Maßgebend ist allein die unerweichliche Macht des Todes.

Die anderen beiden Beispiele sind eindeutig. Das anaphorisch wiederholte „Nicht“ unterstreicht die Negation des Lebens. Adonis, der schöne Jüngling und Geliebte der Aphrodite, wird, noch jung an Jahren, von einem Eber getötet. Achill, der Sohn der Meergöttin Thetis, fällt, vom Pfeil des Paris getroffen, am skäischen Tor, am Westtor Trojas. In allen drei Fällen handelt es sich um gewaltsame Tode, um das Sterben des schönen, voll in Blüte stehenden Lebens unter der Einwirkung einer feindlichen, das Schöne mißachtenden Umwelt. Immer ist es der physische Tod eines bestimmten Menschen, ein individuelles Ende, das aber die kollektive Eingangsthese bestätigt. Niemand, nicht einmal die halbgöttlichen Wesen sind ausgenommen. Schönheit meint vor allem leiblich sinnliche Schönheit. Ob im Fall von Eurydike, von Adonis oder Achill, stets ist der Genannte erotisch bzw. heroisch faszinierend, ein Wesen aus Fleisch und Blut, das Leidenschaften, Liebe wie Haß weckt. Solche Schönheit ist in der Tat vergänglich.

Im tieferen Sinne ist darüberhinaus noch ein anderes Sterben gemeint. Eurydike, Adonis und Achill sind nicht einfach nur schöne sterbliche Wesen, sondern mythische Verkörperungen der Einheit von Leben und Ideal. In ihnen hat das Vollkommene sinnliche Gestalt angenommen. Vorstellung und Wirklichkeit haben sich zur Schönheit vereint. Im Mythos lebt der Glaube an die Vollendbarkeit des Menschen im Irdischen, an die Harmonie von Idee und Gestalt. Die genannten Beispiele veranschaulichen das Sterben der Mythen, des Bewußtseins, das noch nicht Bild von Gedanken, Erlebnis von Reflexion trennte. Es ist der Verlust des idyllischen Zustands vollkommener Harmonie. Der Tod des Schönen, der hier beklagt wird, bedeutet das Ende der ursprünglichen Unschuld, des naiven Bewußtseins. Längst haben sich die mythischen Verkörperungen geglaubter Harmonie in bloße Symbole verwandelt. Unübersehbar ist die Spannung zwischen Wirklichkeit und Idee. An die Stelle des mythisch idyllischen Bewußtseins ist das geschichtlich elegische getreten.

Der mehr induktiven Beweisführung durch Anführen von Beispielen schließt sich eine gedanklich deduktive an. War schon an den großen mythischen Namen im Beispielteil die Größe des Verlusts ablesbar, so wird das jetzt noch einmal eindrucksvoll unterstrichen durch die emphatische Darstellung der Trauer. Die Trauer der Nereiden, der Töchter des Meergottes Nereus, deren Anführerin Thetis ist, in hyperbolischer Akzentuierung die Trauer aller Götter und Göttinnen, legen den Rückschluß auf die Unersetzlichkeit des Verlusts in indirekter Argumentation nahe. Noch einmal wird das Schöne ausdrücklich genannt. Einleuchtend bestätigt hat sich die einleitende These durch Beispielreihung und folgernden Rückschluß. Das Ende der Argumentation verweist auf das erreichte Ziel: Quod erat demonstrandum.

Als Synonym des Schönen erscheint nun unmißverständlich das Vollkommene, die Einheit eben, die nur im Mythos erreichbar und unwiederbringlich zerstört ist. Die Nänie beklagt im allgemeinsten Sinne den Tod des Mythos, jenes selbstverständliche Einssein der Götter mit den Menschen, des Urbilds mit dem Abbild. Eine Rückkehr kann es im nachmythologischen Zeitalter reflektiver Zergliederung nicht geben. Aus der Entzweiung von Ideal und Leben folgt die elegische Betrachtungsweise.

Der Ausklang der Elegie setzt jedoch eine überraschende Pointe. Auf die Beweisführung folgt weder eine Wiederholung noch eine Folgerung, sondern eine gegenläufige Einlassung. „Auch ein Klaglied zu sein im Mund der Geliebten, ist herrlich." In knapper Phrasierung bildet die Zeile den dialektischen Gegenpol zur bisher vorgetragenen Argumentation. An die probatio, die Bestätigung der einleitenden These vom unweigerlichen Tod des Schönen, schließt sich die refutatio, ihre Widerlegung oder doch zumindest die Relativierung ihres allgemeinen Geltungsanspruchs an. Nicht nur die Antithetik von Schönheit und Verfall spiegelt sich in der antithetischen Struktur des Distichons, sondern auch die rhetorische Dialektik von probatio und refutatio. Die strukturell gebildete Antithese stellt die thematische in Frage.

Eine Restauration der Schönheit des Mythos kann es nicht geben. Was aber bleibt, ist ihr Abglanz im Gedicht, die ästhetisch aufbewahrte Erinnerung im bitter-schönen Klang des Klagelieds. Die Schönheit hat sich aus der Verbindung mit dem Leben in die Bereiche der reinen Kunst zurückgezogen. Dort aber scheint sie zu überleben. Im berühmten 26. Brief „Über die ästhetische Erziehung des Menschen" führt Schiller aus: „Die Realität der Dinge ist ihr (der Dinge) Werk; der Schein der Dinge ist des Menschen Werk, und ein Gemüt, das sich am Scheine weidet, ergötzt sich schon nicht mehr an dem, was es empfängt, sondern an dem, was es tut."

„Nur soweit er aufrichtig ist", fährt Schiller fort, „(sich von allem Anspruch auf Realität ausdrücklich lossagt), und nur soweit er selbständig ist (allen Beistand der Realität entbehrt), ist der Schein ästhetisch."

Wirkliches Sein und ästhetischer Schein sind getrennt. Das Dinghafte ist eine vom Menschen unabhängige Wirklichkeit, die ihn zu vereinnahmen, zu bestimmen droht, wenn er sich ihr ausliefert. Frei ist er nur, wenn er Eigenes schafft, die empfangenen Bilder und Eindrücke sich schöpferisch anverwandelt, so daß sie ganz ihm gehören, losgelöst von ihrem empirischen Sosein. Im ästhetischen Schein ist alle Determination aufgehoben, selbst der Tod, dessen Reich sich einzig in der Welt der Dinge ausbreiten kann. Nur der schöpferische Mensch ist wahrhaft frei, weil er in seinem Werk, in der ästhetischen Gestaltung eine eigene Welt nach der Idee der Schönheit bildet, unabhängig von dinglicher Zweckhaftigkeit.

Erst auf dem Hintergrund des Gestalterischen und Schöpferischen, der bewußten Ablösung von faktischer Wirklichkeit, gewinnt die rhetorische Strukturierung des Gedichts ihren tieferen Sinn. Nicht um nachempfindendes Schildern und symbolisches Abbilden von Welt geht es, sondern um die Stilisierung und überhöhende Darstellung der Idee. Rhetorik als von Menschen geschaffene argumentative Struktur, als die ars bene dicendi, ist das adäquate Medium selbsttätiger sprachlich-literarischer Gestaltung. In ihrer strukturellen Dialektik scheint das dinghaft Bedrückende aufgelöst. Ästhetischer Schein und rhetorische Struktur bilden eine notwendige Wirkungseinheit.

Schönheit, im nachmythologischen Zeitalter erlebbar nur noch im ästhetischen Schein, bleibt jedoch in ihrer Entzweiung vom Leben Gegenstand elegischer Betrachtung. In der melancholischen Gebärde des Klagelieds ist sie gegenwärtig, Schönheit im Exil der Gedanken, vergeistigt zur rein ideellen Existenz. Der ästhetische Schein ist kein Ersatz für den verlorengegangenen Mythos, die ursprüngliche Harmonie von Idee und Leben, sondern lediglich ein Palliativ, elegisch getönt in der Gestalt der Totenklage. Schillers letzte Elegie ist auch ein Schwanengesang auf die Souveränität der Idee. Fühlbar bleibt sie als das Ergebnis einer schmerzlichen Isolation vom Leben, aus dem sie endgültig vertrieben zu sein scheint. Die Schönheit ist nicht tot, aber amputiert, verurteilt zu einer Schattenexistenz im Orkus, bestenfalls begnadigt zu einem Dasein im Elysium, abgetrennt zwar von den Körper- und Bewußtseinslosen und weiterhin im Besitz des Bewußtseins von sich selbst, aber dennoch ohne Zugang zur Welt des Lichts und der Menschen. Schillers Nänie ist ein elegisches Bekenntnis zur Schönheit und zur Kunst und zugleich ein Eingeständnis der Wirkungslosigkeit der Idee. Schönheit und Geist überleben immer nur in isolierten Bezirken, in den Elysischen Gefilden des ästhetischen Scheins.

Der Versuch, das autonome lyrische Subjekt im Diesseits von Schönheit und Kunst zu etablieren, ist gescheitert, zumindest aber nur elegisch beschreibbar. Am Ende steht unausweichlich die Erkenntnis der eigenen Isolation. Der Dichter ist ein vom Leben Abgeschiedener, lebendig nur in den Klageliedern der wenigen, die ihn lieben.

Schillers Nänie formuliert die literarische Abdankung der Kunstperiode, die Entsagung des Glaubens an eine rein ästhetische Existenz, die Desillusionierung der bloß idealischen Gegenentwürfe zur Wirklichkeit. Schönheit, um ihre sinnliche Dimension verkürzt, ist nicht wirklich lebendig, das lyrische Subjekt nicht wahrhaft autonom, das seine Identität nur in der Idee des Schönen zu begründen vermag. Der Verlust des Mythos, gespiegelt im Abgesang der Elegie, scheint unersetzlich. Des Ideales Reich ist das Reich der Schatten, der Entfremdeten, um die ganze Wirklichkeit Betrogenen, ein Totenreich.

Johann Wolfgang Goethe:

Selige Sehnsucht

Sagt es niemand, nur den Weisen,
Weil die Menge gleich verhöhnet,
Das Lebend'ge will ich preisen,
Das nach Flammentod sich sehnet.

In der Liebesnächte Kühlung,
Die dich zeugte, wo du zeugtest,
Überfällt dich fremde Fühlung,
Wenn die stille Kerze leuchtet.

Nicht mehr bleibest du umfangen
In der Finsternis Beschattung,
Und dich reißet neu Verlangen
Auf zu höherer Begattung.

Keine Ferne macht dich schwierig,
Kommst geflogen und gebannt,
Und zuletzt, des Lichts begierig,
Bist du, Schmetterling, verbrannt.

Und so lang du das nicht hast,
Dieses: Stirb und werde!
Bist du nur ein trüber Gast
Auf der dunklen Erde.

(Aus: Johann Wolfgang Goethe: Werke Bd. 2. Hamburger Goethe-Ausgabe. Hrsg. v. Erich Trunz. Hamburg 1952. S. 18–19.)

Die handschriftliche Fassung des Gedichts trägt die Unterschrift „Wiesbaden, den 31. Juli 1814". Über dem Gedicht verweist eine Eintragung auf den „Divan" des persischen Sängers Hafis. Goethe lernte den „Divan" des Hafis im Juni 1814 in der Übersetzung von Josef von Hammer kennen. Stoff und Gehalt der orientalischen Dichtung zogen ihn so sehr an, daß in den folgenden Jahren in geistiger Auseinandersetzung ein eigenes Werk entstand. Goethes „West-Östlicher Divan" erschien im Jahr 1819. Divan bedeutet so viel wie Gedichtsammlung. „Selige Sehnsucht", später auch unter der Überschrift „Selbstopfer und Vollendung", steht am Ende des einleitenden „Buchs des Sängers".

Bei der Entstehung stand Goethe kurz vor der Vollendung seines 65. Lebensjahrs. Es handelt sich also um ein Altersgedicht. Der Anfang, gerichtet an eine Gruppe Eingeweihter, umreißt in exklusiver Geste die Haltung des Vates, des Seher-Dichters, der über tiefe, dem gemeinen Volk unzugängliche Einsichten verfügt. In Radikalisierung der Schillerschen Auffassung vom Dichter, der, „eingeweiht in die Mysterien des Schönen, Edeln und Wahren", immerhin noch zum „Volke bildend hernieder steigt", scheint hier die Verbindung endgültig abgerissen. Zu den geistigen Bezirken des dichterischen Sehers haben nur wenige, nur die Weisen, Zugang. Eine esoterische Kunst also, deren Weisheit zwar schwer zugänglich ist, deren Erkenntnis aber dennoch einen Gewinn bedeuten kann. Die exklusive Geste entspringt nicht notwendig einer Abwehrhaltung, sondern vielleicht vielmehr der Intention, Aufmerksamkeit zu erregen, dazu aufzufordern, gerade wegen der zu erwartenden Schwierigkeiten das Wagnis der Deutung auf sich zu nehmen. Insofern ließe sich die Einleitung als ein besonders geschicktes rhetorisches Manöver deuten, die Bereitschaft zu verstehen, dadurch anzustacheln, daß man die geistige Trägheit des Publikums von vornherein ironisch für unüberwindbar erklärt.

Überhaupt sieht sich der, der sich mit dem Gedicht einläßt, ständig neuen Widersprüchen ausgesetzt, die seine Erwartungen durchkreuzen und ihn irritieren. Die volksliedhaft schlichte Versform, vierhebige Trochäen in kreuzgereimter Strophe, läßt eher Eingänglichkeit und unkomplizierten Zugang vermuten. Dem widerspricht jedoch schon die einleitend skizzierte exklusive Geste. Dem widerspricht vor allem aber auch die rätselhaft paradoxe Formulierung von dem Lebendigen, das sich nach Flammentod sehnt. Zentrale Intention des Stils ist, das Gängige, die alltäglichen Denk- und Sprachmuster zu vermeiden, den Leser aus seinem gewohnten Rhythmus herauszulocken, indem man ihm formal scheinbar entgegenkommt, ihn aber inhaltlich vor immer neue Rätsel stellt. Geistig spielerische Beweglichkeit macht den Kern des Gedichts aus.

Das Paradoxon spielt auf die orientalische Phönix-Sage an, auf jenes Fabelwesen, das in unterschiedlicher Gestalt Langlebigkeit symbolisierte. Die Ägypter ordneten es unter dem Namen Benu dem Sonnengott Re zu. In der christlichen Kunst erschien dann der Phönix in Beziehung auf Christi Opfertod und Auferstehung als ein aus den Flammen heraus sich erneuernder Vogel. Heidnisches und Christliches mischen sich zweifellos auch in der dem Gedicht zugrunde liegenden Symbolvorstellung. Der besondere Reiz liegt in der von Goethe vorgenommenen Säkularisierung des Symbols, wie sie im folgenden immer deutlicher hervortritt. Auch hier geht es um geistiges Spiel, um spielerische Variation und Neuakzentuierung. Geistiges Leben setzt die Revision alter und die Schaffung neuer Vorstellungsinhalte voraus.

Merkwürdig doppeldeutig, wenn nicht gar widersprüchlich, ist die Wendung von der „Liebesnächte Kühlung". Bringt man sie in Verbindung mit der leidenschaftlichen Abkühlung nach der sinnlichen Befriedigung, mag es angehen, die Aussage erscheint dann allerdings etwas flach, näher liegt die Auffassung, es hier mit einem bewußt gesetzten, dem Paradox verwandten Oxymoron, einer contradictio in adjecto, zu tun zu haben, denn im Grunde erwartet man ja von der Liebesnacht alles andere als Kühlung. Die in sich widersprüchliche Fügung verweist auf eine beginnende Distanzierung von bloß körperlicher Liebe, von dem sich von Generation zu Generation wiederholenden Zeugungsgeschäft. Temporal durch das Präteritum vom sonst vorherrschenden Präsens deutlich abgesetzt ist die Zeile: „Die dich zeugte, wo du zeugtest,". In der Kette der Arterhaltung erfüllt jeder eine Funktion, tut das, wozu ihn das biologische Sein bestimmt. Freiheit setzt aber die Befreiung von bloß physischer Bestimmtheit voraus. Der Mensch, der seinen Zeugungsauftrag wahrnimmt, verbleibt im Bereich naturnotwendiger Lebensvollzüge, in „der Finsternis Beschattung", frei wird er erst dann, wenn er sich in geistigem Spiel über die biologische Determination erhebt.

Mit dem Hinweis auf die still leuchtende Kerze setzt Goethe sein mit der Anspielung auf die Phönix-Sage eingeleitetes Symbolspiel fort. Die Verbindung ist durchaus originell, zumal die Kerze nicht nur die Assoziation mit dem Flammentod nahelegt, sondern darüber hinaus einen erheblichen eigenen Symbolwert besitzt. Sie ist Sinnzeichen im Kampf des Lichts gegen die Finsternis, Lebenslicht und als Sterbekerze Verweis über den Tod hinaus auf die Auferstehung. Hier gehen die Symbolwerte des sich in den Flammen erneuernden Vogels und der Kerze völlig ineinander über. Der sich nach Erneuerung Sehnende und die Quelle der Erneuerung verschmelzen. In der Symbolverschmelzung spiegelt sich die Bewußtwerdung des Geistes in der Flamme.

Stets aber bleibt das freie geistige Spiel, wirksam in den schillernden Symbolassoziationen, gebunden an die immanenten Lebensbedingungen. Es spielt der Mensch, nur so lang er lebt, sein kreatürliches Dasein setzt dem Erkunden des Möglichen Grenzen. Insbesondere in den auffälligen substantivierten Verben „Kühlung", „Fühlung", „Beschattung" und „Begattung" findet dieses Bewußtsein seinen sprachlich sinnfälligen Ausdruck. Entsprechend der in der nominalen Zuständlichkeit gebannten verbalen Dynamik läuft das bewegte Spiel des Geistes in den fest gezogenen Grenzen des individuellen Daseins ab. Leben ist Bewegtheit innerhalb eines fixen, nicht erweiterbaren Zeitraums, ein terminierter Prozeß. Aber innerhalb dieser Grenzen, und nur dort, liegt auch die Chance zu vollem Leben, zur Entfaltung geistiger Vielfalt, so weit das kreatürliche Sein Raum gibt.

„Selige Sehnsucht" ist ein Altersgedicht, aber das Altern wird nicht als Verfall, sondern als Reife und Vollendung erlebt. Erst jetzt vermag sich der Mensch zu lösen aus physischen Zwängen, aus der Notwendigkeit der bloßen Arterhaltung und aufzubrechen zur kreativen Erneuerung des Geistes, die sich im Spiel immer wieder neu vollzieht. Das reife Alter bildet geradezu die Voraussetzung zur Befreiung des Menschen von physischen Zwängen. Auch hier vollzieht sich ein überraschendes Umdenken, eine schöpferische Neubewertung aus der Kraft geistiger Sinngebung.

Der Aufruf zu geistiger Erneuerung verfremdet die vertrauten kreatürlichen Lebenszusammenhänge. Die Finsternis, in der die Menschen ihren gewohnten Rhythmen folgen, legt assoziativ die Helle des emanzipatorischen Geistes nahe. Aus den Niederungen körperlicher Fortpflanzung erhebt sich der reife Mensch zur Höhe geistiger Befruchtung. Die Verfremdung des Körperlichen vollzieht sich im Zuge einer Kontrafaktur, die das bloß Stoffliche in den Bereich des Geistigen hinüberspielt. Neben dem paradoxen Stil und der Symbolverschmelzung erweist sich die Kontrafaktur als ein markantes Spielelement im Umgang mit dem Vorhandenen.

Erst der zu sich selbst gelangte, befreite Geist ist imstande, die räumliche Fixierung des Körperlichen aufzuheben. Keine Entfernung scheint nun unüberwindbar, das Fernste ist in geistiger Vergegenwärtigung greifbar nah. „Kommst geflogen und gebannt." Die Verbindung von Präsens- und Perfektformen zeigt das Ineinander von Vergangenheit und Gegenwart, das unmittelbare Hinübergleiten der einen in die andere Zeitstufe. Im Perfekt als Ausdruck des in das Gegenwärtige hineinreichenden Vergangenen spiegelt sich die spontane Präsenz des Geistes. Raum- und Zeitgrenzen scheinen gleichermaßen aufgelöst im körperlosen Spiel mit den Dimensionen.

Noch einmal wird das Symbolspiel aufgenommen. Zu den Sinnzeichen des Phönix und der Kerze tritt das altvertraute Symbol des Schmetterlings. Auch hier stellt die Verschmelzung der einzelnen Symbolebenen eine durchaus eigenständige Leistung dar und zeigt die souveräne Verfügung über tradierte Bedeutungskomplexe. Der Schmetterling oder Falter ist symbolisch verbunden mit dem Glauben an die Lösbarkeit der Seele vom Körper. Er ist von daher zu einem bevorzugten Emblem der Seele geworden. In der Entwicklungsfolge Raupe, Puppe und Schmetterling hat man sinnbildhaft den Weg des Menschen von seiner irdischen Existenz über den Tod bis hin zu seiner Auferstehung gespiegelt gesehen. Insofern ist der Schmetterling ähnlich wie der Phönix und die Kerze ein Auferstehungssymbol und verweist auf die Kraft existentieller Erneuerung.

Im Gedicht steht er in säkularer Umdeutung für die Selbstbefreiung des Geistes. Der Schmetterling erhebt sich nicht in den Himmel. Metaphysische Orientierung ist ihm fremd, stattdessen stürzt er sich ins Licht. Hier treffen alle drei Symbolebenen zusammen. Phönix und Schmetterling verschmelzen zu einem einzigen sinnbildhaften Bedeutungsträger, das Kerzenlicht, das in der Dunkelheit die Falter anzieht, ist ihr gemeinsames, ganz immanentes Ziel. Die ständige Erneuerung des Geistes findet auf der Erde, im Rahmen der irdischen Existenz des Menschen statt. Der Flug des Schmetterlings ins Licht ist Ausdruck der unendlichen Sehnsucht des Geistes im endlichen Raum, Aufbruch in ein Stück befristeter Unsterblichkeit. Säkularisiert, ausschließlich bezogen auf die erfüllte immanente Existenz, ist auch das Attribut „selig“, im Sprachgebrauch der Goethezeit noch wesentlich auf den religiösen Bereich beschränkt.

In der imperativischen Formel „Stirb und werde!“ gipfelt das bisher vornehmlich im Symbolspiel entwickelte aktive Prinzip der Entelechie, der Kraft, die die Möglichkeiten des Geistes im Zuge steter Verwandlung und Veränderung in die Wirklichkeit überführt. Entelechie ist die Überzeugung von dem Dasein, das sein Ziel ganz in sich selbst hat und nach Vollendung in der Endlichkeit der Existenz drängt. Das Symbol in seiner Identität von Erscheinung und Bedeutung ist der bildhafte Ausdruck des entelechischen Gedankens. Wie sich im realen Sein das Mögliche stets neu erfüllt, so scheint bei symbolischem Verstehen im Phänomen das Wesen auf. Sprachlich drückt sich diese Überzeugung erneut in der Verwendung substantivierter Verben, hier der substantivierten Imperative, aus. Nominaler und verbaler Charakter verhalten sich wie zuständliches Sein und dynamische Potenz, wie das Verwirklichte und das Mögliche als noch zu Verwirklichendes zueinander.

Stärker als in den substantivierten Verben der zweiten und dritten Strophe ist in den substantivierten Imperativen der verbal dynamische Charakter betont, intensiviert noch durch die Form sprachlicher Aufforderung. Insofern formuliert die abschließende Strophe eine durchaus appellative Pointierung, die in einen offenen Schluß ausläuft. Die exklusive Form der Maxime, daß nur der ein würdiger Gast auf der Erde ist, der sich ständig geistig erneuert, soll beim Leser einen Selbstprüfungsprozeß in Gang setzen. Dazu paßt die fast über das ganze Gedicht hinweg durchgehaltene Leseranrede. Während in der ersten Strophe offenbar noch eine Gruppe angesprochen wird, wechselt die zweite Strophe bereits in die persönliche Einzelansprache über, die sich im Grunde an jeden richten kann und die anfänglich exklusive Haltung in Frage stellt. Die Attribute „trüb“ und „dunkel“ verweisen auf eine bloß stofflich körperliche Existenz, die es im Licht geistiger Erneuerung aufzuhellen gilt. Der Mensch ist niemals nur das, was er im Augenblick ist, sondern immer auch das, was er werden kann.

Vergleichbar mit Schillers „Nänie“ findet das lyrische Subjekt im Bekenntnis zur Immanenz zu einer geistig-ästhetischen Identität. In beiden Fällen wird versucht, die materielle Seite auszublenden und ihr gegenüber eine idealgeistige souverän zu erklären. Während bei Schiller der ästhetische Schein im Bewußtsein des Defizitären schon fadenscheinig zu werden beginnt, behauptet sich das lyrische Subjekt bei Goethe scheinbar unangefochtener. Und doch stellen sich Zweifel ein. Die Endlichkeit menschlicher Existenz ist unausweichlich. Fragwürdig aber bleibt vor allem die Altersperspektive, in der die eine Seite zugunsten der anderen abgewertet wird, so daß sich ähnlich wie bei Schiller der Eindruck bloßer geistiger Abstraktion einstellt. Die Identität des klassischen lyrischen Subjekts scheint offenbar nur erreichbar über die Aussparung des Sinnlichen, Stofflichen und im weitesten Sinne auch des Geschichtlich-Gesellschaftlichen. Nur noch ortbar im Geistigen und Ästhetischen, gibt sich das lyrische Subjekt sowohl bei Schiller als auch bei Goethe als Kunstprodukt zu erkennen, das zu überleben vermag, solange es sich abschirmt gegen die bedrängenden Ansprüche des Kreatürlichen, Gesellschaftlichen und Geschichtlichen.

Friedrich Hölderlin:

Abendphantasie

Vor seiner Hütte ruhig im Schatten sitzt
Der Pflüger, dem Genügsamen raucht sein Herd.
Gastfreundlich tönt dem Wanderer im
Friedlichen Dorfe die Abendglocke.

Wohl kehren itzt die Schiffer zum Hafen auch,
In fernen Städten, fröhlich verrauscht des Markts
Geschäftger Lärm; in stiller Laube
Glänzt das gesellige Mahl den Freunden.

Wohin denn ich? Es leben die Sterblichen
Von Lohn und Arbeit; wechselnd in Müh und Ruh
Ist alles freudig; warum schläft denn
Nimmer nur mir in der Brust der Stachel?

Am Abendhimmel blühet ein Frühling auf;
Unzählig blühn die Rosen und ruhig scheint
Die goldne Welt; o dorthin nehmt mich,
Purpurne Wolken! und möge droben

In Licht und Luft zerrinnen mir Lieb und Leid!
Doch, wie verscheucht von törichter Bitte, flieht
Der Zauber; dunkel wirds und einsam
Unter dem Himmel, wie immer, bin ich –

Komm du nun, sanfter Schlummer! zu viel begehrt
Das Herz; doch endlich, Jugend! verglühst du ja,
Du ruhelose, träumerische!
Friedlich und heiter ist dann das Alter.

(Aus: Friedrich Hölderlin: Sämtliche Werke. Hrsg. v. Friedrich Beißner. Frankfurt/M. 1961. S. 222.)

Im September 1798 verließ Hölderlin Frankfurt und zog nach Homburg vor der Höhe. Der angesehene Bankier Gontard hatte dem Hauslehrer fristlos gekündigt, nachdem dessen Liebesverhältnis mit seiner Frau Susette, Hölderlins Diotima, ruchbar geworden war. In Homburg nahm sich vor allem der Studienfreund Isaak von Sinclair Hölderlins an. Beide vertraten entschieden republikanische Positionen. Hölderlin blieb bis Mai 1800 in der kleinen, unbedeutenden Residenz. In der Homburger Zeit entstanden einige künstlerisch vollendete Oden, unter ihnen auch „Abendphantasie", die 1800 in Johann Leonhard Hadermanns Almanach „Brittischer Damenkalender und Taschenbuch" in Frankfurt zum erstenmal gedruckt wurde.

Das Gedicht setzt ein mit einer sorgfältig strukturierten Idylle. Die Pole bilden der ruhig im Schatten seiner Hütte sitzende Pflüger und die Freunde beim geselligen Mahl in stiller Laube. Entscheidend ist dabei die Steigerung zum sozialen Erleben des harmonischen Zustands. Zwischen den beiden Polen entfalten sich, jeweils in knapper Stilisierung, zunächst die ländliche, darauf die städtische Idylle. Die Mittelachse bilden die zum Hafen zurückkehrenden Schiffer als tragendes Sinnbild der zur Ruhe gelangenden Bewegung. Kein abgeschirmtes Arkadien entsteht, sondern eine reale, ländliche wie städtische Lebensweisen gleichermaßen umfassende Idylle, ein befriedeter, harmonischer Kosmos. Die Menschen treten als Gattungswesen auf, eingelassen in den Rahmen eines Genrebilds und völlig eins mit ihm. Auffällig ist die syntaktische Endstellung sowohl des Pflügers als auch der Freunde. Ihnen voraus gehen jeweils vor allem die Ortsangaben, die räumliche Integration veranschaulichend. Im ruhig strömenden, von überschaubaren Aussagesätzen gebildeten Satzbau erfüllen die Adjektive eine sowohl stimmungsmalende als auch zuständlich verlangsamende Aufgabe. Der Abend erscheint als die verdiente Ruhe nach der Arbeit des Tages, als Höhepunkt harmonischer Geselligkeit und Geborgenheit.

„Wohin denn ich?" Eine schrille Frage durchbricht die Idylle. Das Ich, aus den räumlichen und sozialen Zusammenhängen herausgefallen, wird sich schmerzlich seiner Isolation bewußt. An die Stelle idyllischen Einsseins tritt die elegische Klage über die Vereinzelung. Versagt ist dem Sprechenden der friedliche Rhythmus von Lohn und Arbeit, Mühe und Ruhe. Wie begonnen, so endet die Strophe mit einer Frage, in der das Bewußtsein der eigenen Unbehaustheit ebenso mitschwingt wie die Ratlosigkeit angesichts einer zermürbenden Unruhe. Das lyrische Subjekt erlebt sich als isoliert, aber nicht aus selbstgewählter Distanz, sondern in der schmerzlichen Gewißheit, daß ihm ein Platz in der Gesellschaft versagt ist. Ziel seiner Sehnsucht bleibt indes die Integration, die Rückkehr zum idyllischen Zustand. Doch die Fragen verstummen nicht, treiben den Fragenden in Ruhelosigkeit und Zerrissenheit hinein.

Im schroffen Wechsel von der idyllischen in die elegische Haltung spiegeln sich Hoffnung und Ernüchterung der jungen Generation im revolutionären Zeitalter. Hölderlins Oden sind Empfindungschiffren, extrem verinnerlichte Verarbeitungen gesellschaftlich-geschichtlicher Erfahrungen, die, selbst ungenannt, als Empfindungsreflexe fühlbar bleiben. Geschichte gewinnt indirekt, in der Wirkung auf das empfindsame Subjekt, Gestalt als innerer Vorgang, der mit dem äußeren Geschehen unlösbar verbunden ist. Das subjektive Bewußtsein wird zum Spiegel des Objektiven, seine elegische Gestimmtheit klagt die Geschichte als Zerstörerin der erhofften Idylle an. Das lyrische Subjekt, das aufhört, sich in ästhetischen und geistigen Räumen abzuschirmen und sich schonungslos dem äußeren Geschehen aussetzt, sieht sich ergriffen von einer selbstzerstörerischen Unruhe, Preis für das Bekenntnis zu seiner unentrinnbaren Geschichtlichkeit. In Hölderlins Lyrik prägen sich die Konturen des modernen lyrischen Subjekts aus, das sich vorbehaltlos öffnet, ohne Ausflüchte das Leiden an der Geschichte auf sich nimmt und in seinem Leiden das Glück des Menschen als letztes und oberstes Ziel allen geschichtlichen Handelns reklamiert. Im Dichter bleibt die große Enttäuschung über das Zerschlagen republikanischer Hoffnungen wach, der Schmerz angesichts des blutigen Revolutionsterrors, in dem die revolutionären Entwürfe einer schönen, befriedeten Menschheit untergingen. Im Licht der Geschichtserfahrungen nach 1789 erscheint die einleitende Idylle als utopischer Verweis. In ihrer abgehobenen, typisierenden Diktion liegt die latente Aufforderung, ihr realgeschichtliche, individuelle Gestalt zu verleihen.

Dem Abend als Zeit der Ruhe und im Bewußtsein der eigenen Isolation als Zeit der schmerzlichen Unbehaustheit folgt der Abend als Verheißung. Nach der elegisch erlebten Ernüchterung kommt es beim Anblick der Abendröte zu einem idealischen Aufschwung. Wiederum wechselt der Ton. Doch bedeutet das Idealische nicht einfach Rückkehr zum Anfang. Die idyllische Utopie, der archaisch harmonische Zustand ist ohne weiteres nicht erreichbar. Schien dort noch eine Stadt und Land umfassende befriedete Welt möglich, eine irdische Idylle, so ist jetzt der Blick aufwärts gerichtet, in die goldene Welt einer noch fernliegenden Harmonie. An die Stelle der idyllischen tritt die visionäre Utopie. Die noch vergleichsweise konkreten Vorstellungen der Hütte, des Pflügers, des Markts und der Freunde beim Mahl in der Laube weichen andeutenden Symbolen, poetischen Faustpfändern einer besseren Zukunft, die in unmittelbarer Anschauung nicht darstellbar ist. Die aufblühenden Rosen der Abendröte, die purpurnen Wolken, der Frühling selbst sind lediglich bildliche Vergewisserungen einer Welt, die nicht auf der Erde, in der geschichtlichen Wirklichkeit, sondern nur in der Vorstellung, im idealischen Traum lebt. In der Bitte um Entrückung tritt die kritische Distanz des Sprechenden zu dem, was real ist, erneut zutage. Die Gegenwart wird erlebt als eine Zeit des Übergangs, in Erwartung des Frühlings, der sich in der Abendröte anzukündigen scheint und doch nur eine vage, in Symbolen beschworene Hoffnung bleibt.

Syntaktisch fließend geht die Strophe des idealischen Aufschwungs in die Strophe der erneuten Ernüchterung über. Bereits die Bitte um Entrückung ist die Bitte um die Auflösung des individuellen Bewußtseins. Nur noch in der völligen Selbstvergessenheit scheint das Leiden an der Welt auflösbar. Schon hier macht sich ein deutlich resignativer Zug bemerkbar, der den Glauben an eine konkrete Veränderung längst aufgegeben hat. Mit der idealischen Hoffnung zerrinnt auch die Möglichkeit, sich selbst vergessen zu können. Leiden und Schmerz in der geschichtlichen Welt sind unaufhebbar. Einsam und unerfüllt, vor einer entzauberten Wirklichkeit, findet sich das Ich wieder. Idyll und Ideal halten dem Andrang realgeschichtlicher Welt nicht stand. Die Trümmer zerbrochener Illusionen füllen das Bewußtsein des Subjekts in nachrevolutionärer Zeit.

Spannte sich die idyllische Utopie immerhin noch über zwei Strophen, bevor sie zusammenbrach, so nimmt die idealische Vision nur noch eine Strophe ein. Der Rhythmus von Illusion und Desillusionierung verkürzt sich und mündet unweigerlich in die Resignation. Sowohl die aufgeklärte Idyllendichtung im Stile Geßners mit ihrer Sehnsucht nach dem Frieden und der Tugend des goldenen Zeitalters als auch der Glaube des klassischen Idealismus an die immanente Vollendung erweisen sich als im Grunde gescheitert, als Entwürfe von Humanität, die der Geschichte nicht standzuhalten vermögen. Hölderlins Ode ist eine radikale Absage an die ästhetischen Konzepte einer besseren und schönen Welt. In ihr schlägt sich die Enttäuschung über die große Revolution, die ihre eigenen Ideale im Terror erstickt hatte, in desolater Weise nieder.

Neuer Aufschwung, neue Hoffnung sind nicht länger möglich. Der Abend, jenseits von Verklärung und symbolischer Überhöhung, erscheint nun reduziert auf das, was er nach allgemeinem Minimalverständnis ist, nämlich Schlafenszeit. Dem enttäuschten Freiheitsträumer bleibt am Ende nichts anderes, als den Schlaf zu suchen. Damit wiederholt sich auf realistischer, erfüllbarer Ebene die vorausgegangene Bitte um Entrückung. Für das Leiden an der Geschichte gibt es keine Heilung, sondern nur das Vergessen, das Eintauchen in die Bewußtlosigkeit.

Am Ende der unterschiedlichen Bedeutungsrealisierungen des Abends steht der Lebensabend. Ähnlich wie der Schlaf bietet auch das Alter Abstand und Beruhigung. Wie der geschäftige Tag in die Ruhe am Abend einmündet, so sind im Alter die jugendliche Aufbruchsstimmung und die Freiheitsvisionen verraucht. Schlaf und Alter bedeuten Trost angesichts des scheinbar Unabänderlichen. Der heitere Frieden des Alters gründet auf Entsagung, auf den resignierenden Verzicht auf jegliches Begehren. Annulliert sind die Freiheitsvisionen, übriggeblieben ist das, was unweigerlich, ohne das Zutun des Menschen kommen wird, das als Gnade erlebte Alter. Hölderlin hat die Ode als noch junger Mann geschrieben. Schon wenige Jahre später, um 1802, zeigten sich untrügliche Symptome einer geistigen Erkrankung, die, sich fortlaufend verschlimmernd, ihn schließlich über 35 Jahre in geistiger Umnachtung dahindämmern ließ. Der heitere Frieden des Alters, von dem die Ode abschließend spricht, erfüllte sich in Hölderlins Leben makabrerweise als der Frieden des Wahnsinns.

Nicht zuletzt nahegelegt durch den Titel, erwecken das Ausspinnen des Abendmotivs und das Aneinanderreihen der einzelnen Andeutungen Erinnerungen an die musikalischen Phantasiestücke Beethovens und Schuberts. Strukturbildend ist vor allem die zunehmende Tendenz zu realistischer Ernüchterung. Der idyllische Abendfrieden und die idealistische Vision der Abendröte, durchbrochen jeweils durch die kontrapunktisch geführte elegische Desillusionierung, münden unweigerlich in den illusionslos gesehenen Lebensabend. Am Ende stehen Entsagung und Entzauberung. Die auf der Ebene der Idealität durchgeführte, spannungsreiche Dialektik, entspannt sich und versandet in der Realität. Weit entfernt von einer Synthese von Vorstellung und Wirklichkeit, stellt der Schluß die schlichte Ergebung in das Unabwendbare dar. Im Gesamtaufbau spiegeln sich enthusiastische Aufbruchsstimmung und defätistische Hoffnungslosigkeit.

Hölderlin gilt als der bedeutendste deutsche Odendichter. Nachdem die Klassik wenig Interesse an der Ode gezeigt hatte, entwickelte sie Hölderlin im Gefolge Klopstocks zu höchster Ausdruckskraft. Kennzeichnend ist ihre dualistische Grundhaltung, die Auseinandersetzung des lyrischen Subjekts mit der gegenständlichen, geschichtlichen Welt. In der prinzipiellen Öffnung der Ode zu dem, was ist und nach Stellungnahme und Verarbeitung verlangt, mag Hölderlins Entscheidung für diese Gedichtform wesentlich begründet gelegen haben.

Die alkäische Odenform, in der die „Abendphantasie" geschrieben ist, kommt der skizzierten Gedankenführung im besonderen Maße entgegen. Der Rhythmus der alkäischen Ode ist geprägt vom Wechsel des jambischen in den trochäischen bzw. daktylischen Tonfall. Jeweils nach der dritten Senkung setzt in den beiden Anfangszeilen der Wechsel vom steigenden in das fallende Versmaß ein und wiederholt sich in den beiden Abschlußzeilen, von denen die dritte rein jambisch, die vierte daktylisch-trochäisch gebaut ist. Im rhythmischen Wechsel von steigenden und fallenden Versmaßen spiegelt sich die argumentative Dialektik. Das jeweilige Auslaufen in das fallende Versmaß, sei es im zweiten Teil der Einleitungszeilen oder in der vierten Zeile insgesamt, korrespondiert mit der im ganzen abschüssigen Gedankenführung. Hölderlin realisiert die Ode als Ausdruckseinheit von Rhythmus und Argumentation.

„Abendphantasie" überwindet in besonders überzeugender Weise die Abstraktheit und Weltlosigkeit von Hölderlins früher Lyrik. Nicht länger geht es um die hymnische Formulierung eines allgemeinen Enthusiasmus, sondern um die Auseinandersetzung mit der Geschichte und dem nachrevolutionären Gesellschaftszustand. Das lyrische Subjekt wird zum Empfindungsspiegel objektiver Prozesse. In dem Maße aber, wie sich das Subjekt öffnet und Welt auf sich einwirken läßt, verliert es seine geistige Souveränität. An die Stelle ästhetischer Selbstgenügsamkeit tritt das Leiden an der Geschichte. Der ästhetische Schein zerrinnt und gibt den Blick frei auf das reale Geschehen, auf die Verstrickungen des Menschen in den unabwendbar erscheinenden Lauf der Dinge. Mit Hölderlin beginnt der Leidensweg des modernen Lyrikers, der sich den Aufbruch in die Transzendenz ebenso versagt wie die Zuflucht in stoische Refugien oder die Abschirmung in den Bereichen des Idealschönen und rein Geistigen. Der Schmerz im Bewußtsein der versagten Versöhnung von Subjekt und Welt ist das Thema der „Abendphantasie“ und der reifen Lyrik Hölderlins überhaupt.

Clemens Brentano:

Sprich aus der Ferne

Sprich aus der Ferne
Heimliche Welt,
Die sich so gerne
Zu mir gesellt.

Wenn das Abendrot niedergesunken,
Keine freudige Farbe mehr spricht,
Und die Kränze still leuchtender Funken
Die Nacht um die schattigte Stirne flicht:

Wehet der Sterne
Heiliger Sinn
Leis durch die Ferne
Bis zu mir hin.

Wenn des Mondes still lindernde Tränen
Lösen der Nächte verborgenes Weh,
Dann wehet Friede. In goldenen Kähnen
Schiffen die Geister im himmlischen See.

Glänzender Lieder
Klingender Lauf
Ringelt sich nieder,
Wallet hinauf.

Wenn der Mitternacht heiliges Grauen
Bang durch die dunklen Wälder hinschleicht,
Und die Büsche gar wundersam schauen,
Alles sich finster tiefsinnig bezeugt,

Wandelt im Dunkeln
Freundliches Spiel,
Still Lichter funkeln,
Schimmerndes Ziel.

Alles ist freundlich wohlwollend verbunden,
Bietet sich tröstend und trauernd die Hand,
Sind durch die Nächte die Lichter gewunden,
Alles ist ewig im Innern verwandt.

Sprich aus der Ferne
Heimliche Welt,
Die sich so gerne
Zu mir gesellt.

(Aus: Clemens Brentano: Ausgewählte Werke Bd. 1. Hrsg. v. Max Morris. Leipzig 1904. S. 15–16.)

Das Gedicht steht im ersten Buch von Brentanos 1801 erschienenem Roman „Godwi". Vorgetragen wird es dort von Ottilie (Tilie), der Tochter des Einsiedlers Werdo Senne. Nach dem Vortrag des Liedes heißt es: „So sang Tilie ..., als bete sie. Der ganze Tempel der Nacht feierte über ihr, und ihre Töne, die in die dunkeln Büsche klangen, schienen sie mit goldnen, singenden Blüten zu überziehen."

Das Gedicht gehört zu den unbestrittenen Höhepunkten romantischer Lyrik. Rätselhaft, sich jeder eindeutigen Sinngebung entziehend, aufgelöst in Klang und Rhythmus, tritt es vor den Leser hin. Eine hermetisch verschlossene Welt scheint eingefangen in den Versen, Deutung als reizvolle Versuchung muß notwendig Versuch bleiben. Auffällig ist die Verwendung zweier unterschiedlicher Strophenformen, einer kürzeren und einer längeren, die jedoch einige Ähnlichkeiten miteinander aufweisen. Bei beiden handelt es sich um kreuzgereimte Vierzeiler, eine deutlich an die Volksliedstrophe angelehnte Form, mit regelmäßigem Wechsel zwischen klingender und stumpfer Kadenz. Der Eindruck des Beschwingten und Tänzerischen entsteht vor allem durch das Nebeneinander ein- und zweisilbiger Senkungsfüllung. Das Liedhaft-Musikalische ist in jeder Phase gegenwärtig.

Unterschiedlich, optisch deutlich hervortretend, sind vor allem die jeweiligen Zeilenlängen. Während die längere Strophe vier Hebungen realisiert, sind es bei der kürzeren nur zwei. Der Wechsel zwischen der verknappten und weiter ausschwingenden strophischen Führung sorgt vor allem für starke rhythmische Bewegtheit. Dabei sind die längeren Strophen jeweils eingerahmt von den kürzeren, die auch zahlenmäßig dominieren, so daß das Ausladende immer wieder zurückgenommen erscheint. Lang- und Kurzstrophen verhalten sich wie Ausdehnung und Zusammenziehung zueinander, Sinnbild des Lebensrhythmus selbst. Der Eindruck einer unaufhörlichen Bewegung drängt sich auf, die aus einem Kern heraus nach Expansion drängt, um sich dann wieder auf den Ausgang zurückzuziehen. Der Rahmen, gebildet durch die Wiederholung der ersten Strophe am Schluß, wirkt daher auch weniger als Abschluß denn als Ausgang zu neuer Bewegung. Im Grunde könnte man an die Schlußstrophe die zweite Langstrophe wieder anschließen und so einen infiniten Progreß in Gang setzen.

Bewegung als Auflösung des scheinbar in sich Abgeschlossenen und Abgegrenzten gibt sich als dominantes Strukturprinzip zu erkennen. Hervorstechend im Satzbau sind die wiederholten „Wenn-Dann"-Perioden, die der strophischen Zweiteilung weitgehend entsprechen. Während der erste Teil in der Regel durch zusätzliche Bestimmungen aufgefüllt wird, gelangt die Bewegung im zweiten Teil vorläufig zur Ruhe, um in einer neuen Periode wieder anzusteigen. Expansion und Kontraktion korrespondieren mit dem syntaktischen Steigen und Fallen und nicht zuletzt auch mit dem trochäisch-daktylischen Tonfall. Auch hier herrscht der Eindruck des rhythmisch stark Bewegten, des Pulsierens vor.

Die syntaktischen Bögen sind in aller Regel weit ausladend. Sie schwingen über die Zeilengrenzen, gelegentlich sogar über die Strophengrenzen hinaus, ohne daß deutliche Einschnitte ihren Lauf hemmen. Die „Wenn-Dann“-Perioden stellen dabei vor allem eine Verknüpfung zwischen der fernen und der nahen Welt her. Der temporale Charakter der Gleichzeitigkeit verbindet Fernes und Nahes zugleich als Künftiges und Gegenwärtiges. Raum- wie Zeitgrenzen scheinen gleichermaßen aufgelöst.

Auflösung und Entgrenzung kennzeichnen auch das zentrale Motiv des Gedichts. Abend und Nacht sind Phasen der fließenden Übergänge, des Ineinanders und Verschwimmens. Die harten Konturen des Tages lösen sich auf, die Formen gehen ineinander über, Starres scheint in Fluß zu geraten. Endliches öffnet sich zum Unendlichen, und das Unendliche ragt in die endliche Welt hinein. Die Nacht ist der Zustand grenzenloser Weite, ein Zustand, der immer zugleich auch Prozeß ist, in dem alles Sein nur als Werden Gestalt gewinnt. Die heimliche Welt ist die Welt unaufhörlicher Verwandlung, ihre Anrufung entspringt der Sehnsucht nach Entgrenzung und persönlicher Expansion, nach Teilhabe an dem ganzen pulsierenden Leben, nach Einschwingen in den Lebensrhythmus selbst. Erst wenn in der Dunkelheit die Grenzen verschwimmen, fühlt der einzelne die Zusammenhänge zwischen allem Lebendigen, Organischen.

Aufhebung des Trennenden und Verbindung des Getrennten prägen auch die sinnliche Wahrnehmung, das im ursprünglichen Sinne ästhetische Empfinden. Visuelles und Akustisches gehen zwanglos ineinander über: „Keine freudige Farbe mehr spricht,“ „Glänzender Lieder / Klingender Lauf ...“ Im „klingenden Lauf“ der Lieder sind überdies die Grenzen zwischen dem Akustischen und dem Motorischen verwischt. Die Synästhesie ist ein von Brentano immer wieder eingesetztes, markantes Stilmittel der Grenzaufhebung. Sinnliche Wahrnehmung ereignet sich total, unter Beteiligung aller Sinne. Klang, Farbe und Bewegung fügen sich zu einem dynamischen Kosmos, in dem es weder Stillstand noch Entzweiung gibt. In der synästhetischen Wahrnehmung erfüllt sich der Mensch als Mikrokosmos. Das gleiche Gesetz der grenzüberschreitenden Bewegung herrscht draußen wie drinnen, in einem ewig flutenden Prozeß sind Mensch und Welt, Mikrokosmos und Makroanthropos miteinander verbunden.

Stilistisch prägend ist vor allem die differenziert gestaltete Bildlichkeit. Hervorstechend ist der Zug zur Metaphorisierung. Sterne werden zu Funkenkränzen, die Mondstrahlen zu Tränen, der Himmel erscheint als riesiger See, in dem die Sterne wie Boote dahingleiten. Gegenständlichkeit löst sich auf in der ästhetisch schönen Empfindung. Der Betrachter verwandelt des Geschaute ins Empfundene und die Empfindung zurück ins Bild. In der metaphorisch verzauberten Welt ist unten und oben nicht länger getrennt. Irdische Empfindungen scheinen sich der Himmelskörper zu bemächtigen, und die Seen auf der Erde scheinen versetzt an den Himmel. Im Prozeß der Metaphorisierung fallen die Grenzen zwischen subjektiver und objektiver Welt, das Empirische, aus seiner Erstarrung erlöst, schwimmt im Strom der Empfindung. Unter dem Zugriff geistig-kreativer Gestaltung mündet das Sein ins Werden und gibt seine tiefe innere Verwandtschaft mit dem Gestalter zu erkennen.

Abstraktes verwandelt sich in Konkretes, scheinbar Lebloses wird lebendig. Die sprechende Ferne wie die sprechende Farbe, der wehende Sinn der Sterne, das dahinschleichende Grauen, die wundersam schauenden Büsche und das wandelnde Spiel geben dem Begriff Gestalt und erwecken das Tote zum Leben. Alles scheint durchdrungen von einem geheimnisvollen Leben, eine heimliche Welt des erweckenden und erweckten Geistes. In der Gestalt der animistischen, personifizierenden Metaphorik erscheint die ganze

Natur beseelt. Die hochpoetische Sprache reißt die Trennwände ein zwischen dem Draußen und Drinnen, dem Nahen und Fernen, dem Jetzt und dem Einst, dem Sein und dem Bewußtsein. Alles findet zu einer ursprünglichen, mythischen Einheit zurück.

Gelegentlich fügen sich die metaphorischen Assoziationen zu mythologischen Bildkomplexen. Die Nacht, die sich die Sternenkränze um die Stirn flicht, ist eine ebenso eigenschöpferische mythische Vorstellung wie der Mond, dessen Strahlentränen das Weh der Nacht lösen. Der Mythos ist eine bildliche Sinndeutung der Wirklichkeit, eine imaginäre Welt, bevölkert mit körperlich erlebten Elementarkräften, ein unmittelbares, rational noch nicht gebrochenes Erleben. Beseelung ist das tragende Prinzip des Mythos. Die Nacht ist die eigentliche Göttin der Romantik. In der Geste des Kranzwindens offenbart sich ihre vereinigende Kraft, die das Weltall erfüllende Liebe, die auf Harmonisierung drängt. Selbst noch das Getrennteste, die im Universum scheinbar verlorenen Sterne, fügt sie mit liebender Hand zu einem Kranz, der auf die Unendlichkeit des Lebens verweist. Erst die Rückkehr zur Einheit löst den Schmerz, hebt die Spannung zwischen dem Getrennten auf, das sich zu neuer Harmonie verbunden hat.

Der Mythos schafft eine Welt, in der das Körperliche transparent wird für Geistiges und der Geist Körper annimmt. Die in Sternenbooten auf dem himmlischen See dahingleitenden Geister sind die sichtbar gewordenen Elementarkräfte des Universums. Alles Leben ist geistbestimmt, zwischen Gestalt und Gehalt hin und her flutend, in unaufhörlicher, unendlicher Bewegung. Die heimliche Welt, wie sie im Mythos anschaubar wird, ist zugleich die latente, aber auch anheimelnde Wirklichkeit, die eigentliche, tiefste Heimat des Menschen. Seinem in die Ferne, ins Unendliche gerichteten Blick erschließt sich der „heilige Sinn“, die mythische Einheit von Sein und Bewußtsein im Wirken des Geistes, im Prozeß eines unablässigen Werdens.

Das „heilige Grauen", der ehrfürchtige Schauder im Bewußtsein tiefer Sinnerfülltheit erfüllt die ganze Natur und offenbart die Verbundenheit des Endlichen mit dem Unendlichen, des Organischen mit dem alles durchwaltenden Geist. Im Tempel der Nacht, wie es im „Godwi" unmittelbar nach dem Gedichtvortrag heißt, feiert der Mensch das Mysterium des Geistes und der Liebe. Die Auflösung der Gegensätze in der Dunkelheit der Nacht, in der der geistige Sinn wie das Sternenlicht am Himmel aufleuchtet, bedeutet den allumfassenden Frieden, die Verschmelzung des Bewußtseins mit dem unendlichen Werden.

„Alles ist freundlich wohlwollend verbunden,". Die letzte Langstrophe faßt die Kernaussage des Gedichts zusammen. Das generalisierende unbestimmte Zahlwort „alles" ist sprachlicher Ausdruck der Einheit des Mannigfaltigen. Allein drei Zeilen lauten mit dem unbestimmten Zahlwort an. Neben der bereits zitierten sind es die jeweils abschließenden Verse der beiden letzten Langstrophen. Dabei stellt die Zeile „Alles ist ewig im Innern verwandt." den Höhepunkt des gesamten poetischen Vorgangs dar. Gehaltlich ist hier das erfaßt, was bisher vornehmlich in der künstlerischen Gestaltung sinnfällig wurde. Kennzeichnend für das Gedicht ist überhaupt seine fast gänzliche Auflösung des Semantischen ins Strukturell-Ästhetische. Die materiale Seite der Wortbedeutung scheint völlig aufgehoben in der poetisch bedeutungsvollen Gestalt. Sinn ist in erster Linie faßbar in der künstlerischen Formung. Sprache emanzipiert sich von fixierten Informationszusammenhängen. Im Prozeß der Poetisierung wird sie zum Ausdrucksmedium des eigenschöpferischen Geistes. An die Stelle zweckbestimmter Information tritt die sinnerfüllende und sinnerfüllte Gestaltung.

Grenzt sich das lyrische Subjekt der Klassik von allem Zeitlichen und Zufälligen als geprägte Form ab, so weitet sich das lyrische Subjekt der Romantik ins Unendliche aus. In der zeitlosen Begrenzung ebenso wie im unendlichen

Werden offenbart sich der Wunsch nach Dauer, nach Verewigung. Sowohl der klassische wie der romantische Lyriker artikulieren diesen Wunsch im Zuge einer konsequenten Ästhetisierung und Poetisierung von Wirklichkeit unter weitgehendem Ausschluß der sozialen Verhältnisse und der historischen Bedingungen, so daß ein selbstgenügsamer Kunstraum entsteht. Die Einheit von Subjekt und Objekt scheint nur im Ästhetischen erfahrbar. Gedichte wie das vorliegende stellen dabei eine kaum noch überbietbare Radikalisierung dar. Wo immer die historische Erfahrung einbricht wie bei Hölderlin, zerbricht die Einheit, zerrinnt der ästhetische Schein ebenso wie der poetische Traum zur sublimen Kunstillusion.

Joseph von Eichendorff:

Sehnsucht

Es schienen so golden die Sterne,
Am Fenster ich einsam stand
Und hörte aus weiter Ferne
Ein Posthorn im stillen Land.
Das Herz mir im Leibe entbrennte,
Da hab ich mir heimlich gedacht:
Ach, wer da mitreisen könnte
In der prächtigen Sommernacht!

Zwei junge Gesellen gingen
Vorüber am Bergeshang,
Ich hörte im Wandern sie singen
Die stille Gegend entlang:
Von schwindelnden Felsenschlüften,
Wo die Wälder rauschen so sacht,
Von Quellen, die von den Klüften
Sich stürzen in die Waldesnacht.

Sie sangen von Marmorbildern,
Von Gärten, die überm Gestein
In dämmernden Lauben verwildern,
Palästen im Mondenschein,
Wo die Mädchen am Fenster lauschen,
Wann der Lauten Klang erwacht
Und die Brunnen verschlafen rauschen
In der prächtigen Sommernacht.

(Aus: Joseph von Eichendorff: Werke. Hrsg. v. Wolfdietrich Rasch. München 1959. S. 30–31.)

Der Erstdruck des Gedichts erfolgte 1834 in Eichendorffs Roman „Dichter und ihre Gesellen“. Es ist das Lied, das Fiametta in mondbeschienener Gegend vor der Haustür zur Gitarre singt (3. Buch. 24. Kapitel).

Nur ein einziges Mal, und das gleich in der ersten Zeile, begegnet die vertikale Blickführung, der zu den Sternen emporgerichtete Blick. Die Entgrenzung in den unendlichen Raum, durch das Farbadjektiv „golden“ von vornherein positiv besetzt, weist das Ziel. Erst das verklärende Bewußtsein des Unendlichen gibt den Anstoß zum Gedicht. Das Licht der Sterne ist ein unauslöschlicher, sinnlich konkreter Eindruck von einer fernen, goldenen Welt, sichtbar und doch ganz entrückt, für den Betrachter nicht zu erreichen. Das Präteritum unterstreicht die Distanz auch zeitlich.

Vorbereitet ist auf diese Weise der Abstieg in die beschränkte irdische Situation. Der räumlich begrenzte Standort des Betrachters löst das Bewußtsein des unbegrenzten Raums schroff ab. Die vertikale wechselt in die horizontale Blickführung. Damit scheint das Unendliche zunächst ausgeblendet, der einzelne, aus der Verbindung mit der unendlichen Welt herausgefallen, findet sich in seiner endlichen Einsamkeit wieder. Vorherrschend ist die elegische Stimmung in der Gewißheit, von der Einheit mit dem Unendlichen abgeschnitten zu sein. Verlorengegangen ist dem Menschen die goldene Welt.

Die Situation am Fenster zeigt den Betrachter gebannt in seinem eigenen engen Lebensraum, aber noch erfüllt von der Sehnsucht, teilzuhaben an jener anderen Welt, die alle Grenzen übersteigend, sich ins Unendliche weitet. Der Mensch ist verurteilt, auf der Schwelle zu verharren, unfähig, seine Enge zu verlassen und ins Wunderbare aufzubrechen. Verflogen sind längst die revolutionären Träume von persönlicher Entfaltung und Freiheit. Bedrängend und einengend ist die bürgerliche Welt herangerückt. Der Alltag hat im Gemüt den „ewigen Sonntag“ verscheucht.

Im Vergleich mit Brentano fällt die Reduktion der sinnlichen Wahrnehmung auf. An die Stelle der synästhetischen tritt die einfache sinnliche Erfahrung, zunächst die visuelle, dann überwiegend die akustische. Die Einsamkeit des aus der Einheit mit dem Unendlichen herausgefallenen Menschen spiegelt sich in der Verengung seiner Wahrnehmung. Die Welt ist disparater, der Blick des lyrischen Subjekts als Antwort darauf illusionsloser geworden. Auffällig ist die Vorherrschaft des Auditiven, das das Visuelle fast ganz verdrängt. Welt, jenseits ihrer vollen sinnlichen Einheit, scheint nur noch erfahrbar als Ton und Klang, in konkreter Erfahrung entrückter Gestalt.

Akustische Signale lösen eine unbestimmte, frei flottierende Sehnsucht aus. Vorstellungen von Reisen und fremden Ländern sind für den Menschen in der ersten Hälfte des 19. Jahrhunderts noch untrennbar mit dem Klang des Posthorns verbunden. Das Posthorn wird ähnlich wie die blaue Blume des Novalis zum romantischen Symbol der Sehnsucht. Während aber die blaue Blume, wenn auch wenig faßbar, immerhin noch ein Ziel benennt, verweist das Posthorn nur noch auf den Weg dorthin. Der Abstand zwischen Sehnsucht und Erfüllung ist gewachsen, die Sehnsucht hat sich verselbständigt. Gleichgültig ist dem Lauschenden am Fenster offenbar das Reiseziel. Reisen, Aufbruch aus der Enge in die Weite des Raums sind alles, was er sich wünscht, Wünsche, die verborgen in tieferen Schichten seines Bewußtseins, durch flüchtige Signale von außen spontan geweckt werden können.

Aber der Wunsch führt nicht länger zu imaginären Entwürfen märchenhafter Erfüllungswelten. Versunken sind längst die mondbeglänzten Zaubernächte der Romantik, der Betrachter am Fenster ist sich der Unerfüllbarkeit seiner Wünsche ebenso bewußt wie seiner eigenen Isolation. Nur in seinen Gedanken lebt die Vorstellung einer unbestimmten Ferne. Ihr Erkunden im freien Wandern und Schweifen scheint ausgeschlossen. „Ach, wer da mitreisen könnte“. Optativ und Irrealis vermischen sich in der konjunktivischen Fügung. Der Wunsch ist nur eine unerfüllbare Sehnsucht, ein Luftschloß, erbaut in der Gewißheit unüberwindbarer Enge und Beschränktheit.

Das Aussparen des Reiseziels verweist jedoch nicht nur auf Unbestimmtheit, sondern weit darüber hinaus auf seine grundsätzliche Unbestimmbarkeit in der horizontalen, auf den endlichen Raum gerichteten Perspektive. Ein wirkliches Ziel weist nur der zum Unendlichen emporgehobene Blick zu den Sternen. Reisen umschreibt metaphorisch den Prozeß des Transzendierens, das Posthorn ist über die Farbassoziation verbunden mit dem goldenen Reich der Sterne als dem eigentlichen metaphysischen Reiseziel. Der Betrachter am Fenster verfügt über beide Perspektiven. Sein Standort ist in der Welt, zugleich aber erhebt ihn seine erhöhte Lage über diese hinaus. Die Sehnsucht im Bewußtsein der unendlichen Welt prägt und strukturiert auch die horizontale Blickführung. In der Betonung des beschränkten Standorts, in der verflüchtigenden Vorherrschaft des Auditiven, in der Unbestimmtheit, im unüberbrückbaren Gegensatz von Denken und Handeln und in der Irrealität der Wunschvorstellung offenbart sich das tiefe Ungenügen einer erlösungsbedürfigen Welt gegenüber, einer Welt, die es in poetischer Darstellung emporzuheben gilt in jenes Reich, das das lyrische Subjekt eingangs geschaut hat und seinem Bewußtsein die Richtung weist. Charakteristisch für die spätromantische Position ist die Akzentuierung des Trennenden, der prinzipielle Verzicht auf ein poetisches Überspielen der Grenzen zwischen der realen Enge der endlichen Existenz und ihrer nur vorstellbaren Ausweitung ins Unendliche.

Allein zwei Drittel des Gedichts handeln von der poetischen Vergegenwärtigung einer fernen schönen Welt im Lied, das zu dem Lauschenden am Fenster hinüberklingt. Wiederum findet keine unmittelbare, sondern nur eine über den Klang vermittelte Begegnung statt, die in der Vorstellung verharrt. Der Ausweitung durch das Reisemotiv folgt die poetische Ausweitung selbst. Wirklichkeit, beim Klang des Posthorns als Reiseweg und Reiseziel durchaus noch gegenwärtig und vorstellbar, ist nun ganz zurückgenommen in die Imagination. Poesie ist der Abglanz einer schönen Welt, aufgelöst in Klang und Worte, eine fragmentarische Erfahrungsweise sinnenhafter Welt. War zunächst das Reiseziel ausgespart, so fehlt hier die Anschauung von den im Lied besungenen Plätzen.

Unklar bleibt, ob der Betrachter am Fenster die beiden singenden Gesellen sieht oder nur hört, im Vordergrund steht aber auch hier das auditive Erlebnis. Während die reale Bewegung des Wanderns nominal in der Wendung „im Wandern" wiedergegeben wird und auf diese Weise die Bewegtheit zumindest sprachlich zurückgenommen scheint, wird „singen" durch die ungewöhnliche Verbindung mit dem Adverb „entlang" in Abkehr vom normalen Gebrauch als Bewegungsverb verwendet. Wirkliche Bewegung geschieht weniger in realen Vollzügen als im Raum poetischer Imagination. Nicht von der Gegend, die die Gesellen durchwandern, ist die Rede, wenn man einmal von dem Hinweis auf den Bergeshang absieht, sondern von den Plätzen und Stätten, die im Lied beschworen werden. Die Wahl des lyrischen Subjekts und seines fixierten Standorts läßt bewußt kaum anderes zu.

Im Lied sind Natur- und Kulturlandschaft verbunden. Der Wechsel ins Präsens unterstreicht die Gegenwärtigkeit und Gültigkeit der poetisch beschworenen Einheit. Es ist eine unberührte Natur, elementar komponiert aus Felsen, Schluchten, Wäldern und Quellen. Auffällig ist das Ineinander des Stillen und Sachten auf der einen Seite und des schwindelnd Bizarren und der stürzenden Dynamik auf der anderen. Ein in sich stark bewegtes Naturbild entsteht, über dem sich aber doch der Frieden als Ausdruck der harmonischen Einheit des Mannigfaltigen breitet. Ein organischer Kosmos von der Höhe der Felsen bis hinab in die Waldesnacht, pulsierend zwischen Phasen der Ruhe und Bewegung. Aber anders als bei Brentano ist solche Totalität nicht länger unmittelbar erfahrbar, sondern nur noch aus poetischer Distanz. Sie ist doppelt gebrochen, einmal in der Imagination des Liedes und zum andern in der Erinnerung des lyrischen Subjekts.

Das Präteritum am Anfang der Schlußstrophe macht noch einmal deutlich auf die vergangene Begegnung mit der schönen Welt im Lied aufmerksam. Ähnlich wie das Naturbild ist auch die Kulturlandschaft aus wenigen charakteristischen Requisiten zusammengefügt. Marmorbilder, Gärten, Lauben und Paläste rufen die Erinnerung an Italien, an das „gelobte Land der Kunst" wach, wie es bei Wackenroder/Tieck heißt. Überhaupt sind Anklänge an die „Herzenergießungen eines kunstliebenden Klosterbruders", insbesondere an das dort mit „Sehnsucht nach Italien" überschriebene Kapitel, überdeutlich, daneben läßt sich das Duett Mignons und des Harfners „Nur wer die Sehnsucht kennt" aus Goethes Roman unschwer als Vorlage ausmachen. Nicht das wirkliche Italien ist gemeint, sondern das in der Kunst gestaltete und verklärte. Zu der Erinnerungsperspektive tritt die verdoppelnde Poetisierung des Motivs als Poesie in der Poesie, so daß der Eindruck einer inzwischen dreifachen Brechung entsteht, die die Realität selbst immer weiter in den Hintergrund rückt. Ein im Grunde romantisches Italienbild wird entworfen, in dem Kunst und Natur sich verbinden. Verwildernde Gärten breiten sich über das Erbaute, von Menschenhand Gestaltete, Kunst und Natur gehen zwanglos ineinander über, integriert erscheinen die Kunstwerke in den organischen Ablauf des Lebens. Über der Natur- wie der Kulturlandschaft liegt die Nacht, in der alle Erscheinungsformen sanft miteinander verschmelzen.

Zum Schluß wiederholt sich das Fenstermotiv vom Anfang. Nur daß jetzt die Mädchen an Stelle des einsamen Betrachters nach draußen schauen, jedoch wie dieser dem Gesang lauschen, dem Hörbaren vor dem Sichtbaren ebenso den Vorzug gebend. Eine unwirkliche, verträumte Szenerie, in belebter Bildlichkeit erfüllt von erwachenden Lauten und verschlafenen Brunnen. Die lauschenden Mädchen am Fenster und der Klang der Lauten verdichten sich zu einer Atmosphäre zärtlicher Erwartung. Liebessehnsucht und Lieberfüllung scheinen nah beieinander zu liegen, sich durchdringen zu wollen wie das erwartungsvolle Hören und der erfüllende Klang. Die innige, in der Schwebe verharrende Erotik macht die Sommernacht ahnungsvoll zur Liebesnacht, in der die Sehnsucht sich erfüllt, die Einsamkeit aufgehoben ist und alles Getrennte wieder eins wird. Nach dem Reisemotiv und der Poetisierung bildet die Liebe den höchsten Grad persönlicher Ausweitung. In ihr ist alles Individuelle zur Einheit verbunden.

Identisch sind die jeweiligen Schlußzeilen der ersten und der dritten Strophe. Was sich zunächst nur als Sehnsucht artikulierte, scheint nun der Erfüllung nah zu sein. Bewegen sich die Rahmenstrophen aber noch in der Spannung zwischen Wünschen und möglichem Gewähren, so gestaltet die Binnenstrophe die naturhaft organische Erfüllung. Im Bild der sich in die Waldesnacht stürzenden Quellen wird die ersehnte Vereinigung sinnfällig. Letztes Ziel im organischen wie im menschlichen Bereich ist die Harmonisierung, das Einmünden des einzelnen ins Ganze.

Doch auch das verheißungsvolle Schlußbild gewinnt nur Gestalt in der Gegenwart der Poesie. Die Spannung zwischen poetisch angedeuteter und möglicher Erfüllung und wirklicher Versagung bleibt bestehen. Sehnsucht nach Harmonie ist ein grundsätzlich unaufhebbarer Zustand. Sichtbar werden die Grenzen des romantischen Sprachzaubers, der bei Brentano noch Himmel und Erde miteinander verschmelzen konnte. Dem lyrischen Subjekt der Spätzeit, desillusioniert von restaurativer Verspießerung, ist die Poesie zum Trost in der Gewißheit der realen existentiellen Enge geworden. Der Blick in die Sterne leitet einen poetischen Prozeß ein, der den Blick jedoch nicht wieder vertikal aufrichtet, sondern ihn in der Horizontalen beläßt. Das Unendliche ist eingegrenzt in der endlichen Vorstellung. Die für Eichendorff charakteristische perspektivische Natur- und Landschaftsschilderung ist Ausdruck der Unaufhebbarkeit des individuellen Blickwinkels. Unaufhaltsam beginnen sich die romantischen Zauberwelten aufzulösen. Zurückbleibt der einzelne, allein mit seinen Sehnsüchten in seiner illusionslos wahrgenommenen existentiellen Beschränkung.

Eduard Mörike:

An einem Wintermorgen, vor Sonnenaufgang

O flaumenleichte Zeit der dunkeln Frühe!
Welch neue Welt bewegest du in mir?
Was ist's, daß ich auf einmal nun in dir
Von sanfter Wollust meines Daseins glühe?

Einem Kristall gleicht meine Seele nun,
Den noch kein falscher Strahl des Lichts getroffen;
Zu fluten scheint mein Geist, er scheint zu ruhn,
Dem Eindruck naher Wunderkräfte offen,
Die aus dem klaren Gürtel blauer Luft
Zuletzt ein Zauberwort vor meine Sinne ruft.

Bei hellen Augen glaub' ich doch zu schwanken;
Ich schließe sie, daß nicht der Traum entweiche.
Seh' ich hinab in lichte Feenreiche?
Wer hat den bunten Schwarm von Bildern und Gedanken
Zur Pforte meines Herzens hergeladen,
Die glänzend sich in diesem Busen baden,
Goldfarb'gen Fischlein gleich im Gartenteiche?

Ich höre bald der Hirtenflöten Klänge,
Wie um die Krippe jener Wundernacht,
Bald weinbekränzter Jugend Lustgesänge;
Wer hat das friedenselige Gedränge
In meine traurigen Wände hergebracht?

Und welch Gefühl entzückter Stärke,
Indem mein Sinn sich frisch zur Ferne lenkt!
Vom ersten Mark des heut'gen Tags getränkt,
Fühl' ich mir Mut zu jedem frommen Werke.
Die Seele fliegt, soweit der Himmel reicht,
Der Genius jauchzt in mir! Doch sage,
Warum wird jetzt der Blick von Wehmut feucht?
Ist's ein verloren Glück, was mich erweicht?
Ist es ein werdendes, was ich im Herzen trage?
– Hinweg, mein Geist! hier gilt kein Stillestehn:
Es ist ein Augenblick, und alles wird verwehn!

Dort, sieh! am Horizont lüpft sich der Vorhang schon!
Es träumt der Tag, nun sei die Nacht entflohn;
Die Purpurlippe, die geschlossen lag,
Haucht, halb geöffnet, süße Atemzüge:
Auf einmal blitzt das Aug' und, wie ein Gott, der Tag
Beginnt im Sprung die königlichen Flüge!

(Aus: Mörikes Werke Bd. 1. Hrsg. v. Harry Maync. Leipzig und Wien 1909. S. 13–14.)

Die Entstehung des Gedichts fällt in das Jahr 1825, noch während Mörikes Studienzeit am Tübinger Stift. Erstmals gedruckt wird es in dem von Schwab und Chamisso herausgegebenen „Deutschen Musenalmanach für das Jahr 1834" im Herbst 1833. Auf Vorschlag von Hermann Kurz leitet es die 1838 erschienenen Gedichte Mörikes ein und behält diese Stellung gleichsam als eine Ouvertüre auch in den folgenden Ausgaben.

Zeitlicher Hintergrund ist die Morgendämmerung, ein Schwebezustand zwischen Nacht und Tag. Stillzustehen scheint die Zeit, noch unbeschwert vom Fortgang der Dinge, ein Augenblick, wie eine Insel, herausgehoben aus dem Fluß der Entwicklungen. Sein Innewerden, gespiegelt in der einleitenden beschwörenden Anrufung, vergleichbar dem epischen Musenanruf, steht am Anfang des poetischen Prozesses. Innere Bewegung setzt äußeren Stillstand voraus, die Seele wird sich ihrer selbst nur jenseits der fortschreitenden Zeit bewußt. Erst im schöpferischen Zustand der Ruhe, nicht fortgerissen im Fluß der Zeit, kann sich der einzelne in sich selbst versenken, die Möglichkeiten seines Daseins erkunden, die im Fortgang der Entwicklung immer nur beschnitten werden. Doch das Erleben des potentiellen Status ist begleitet von staunender Bestürzung. Die Fragen verweisen sowohl auf die innere Erregung als auch auf das Bewußtsein, das sich von dem Zustand plötzlichen Ergriffenseins noch zu distanzieren versucht, zumindest die Fremdheit des plötzlichen reichen Gefühls zu erkennen gibt.

Die Empfindung des zeitlichen Stillstands führt zur inneren Einkehr, zur Begegnung mit dem eigenen Selbst. Das Bild des Kristalls ist vieldeutig: Symbol der Reinheit und des Geists, Sinnbild des Seelenkerns, der sich in Träumen und Spontanvisionen manifestiert. Abgesondert von allen verfälschenden äußeren Einflüssen, ist in ihm das ungeteilte Leben des Geistes zwischen Bewegung und Ruhe gegenwärtig, ein ewiger, sich selbst genügender Rhythmus. Erst in der Distanz von der verfließenden Zeit, von der Hektik des Alltags und dem geschichtlichen Fortschreiten erschließt sich das eigentliche geistige Leben, der dem Menschen innewohnende tiefste Kern. Die Seele ist ein Zauberspiegel, identisch mit dem eigentlichen Urbild, in dem sich die verborgene Wirklichkeit, das innerste Wesen offenbart. Wie im Märchen kann ein Zauberwort die geheimsten Erscheinungen in ihm wachrufen. Die Poesie selbst, fruchtbar nur im Abseits der Zeit, ist die Zauberformel, die das Innere zum Klingen bringt, nicht mehr aber die Welt, die der romantische Dichter noch poetisch verzaubern zu können glaubte. Mörikes Gedicht führt über das Innewerden des schwebend verharrenden Augenblicks zur Abkapselung von der Außenwelt und hinein in die inneren Regionen des Selbst. Das lyrische Subjekt tritt heraus aus allen äußeren Wirklichkeitsbezügen, aus der sinnlich empirischen Wahrnehmung von Welt, indem es sich selbst und seine innere Schau für souverän erklärt. Der Augenblick intensiv erlebter Innerlichkeit nimmt den Platz des restaurativ versagten öffentlichen Handelns ein.

Doch noch immer droht das empirische Bewußtsein, den Zustand innerer Schau in Frage zu stellen. Erst das Schließen der Augen, das völlige Ausblenden des Wahrnehmbaren zugunsten des im Innern zu Schauenden füllt den Zauberspiegel mit märchenhaftem Leben. Feenreiche scheinen aufzutauchen, wunderbarer Verweis auf die unendlichen Möglichkeiten, die Feen zu verheißen pflegen, jene Schicksalskünderinnen, die den Menschen mit hohen Gaben, mit Glück und Liebe zu beschenken vermögen. Das Feenreich ist eine Wunsch- und Glückslandschaft, faßbar aber nur in einem flüchtigen Schwarm von Bildern und Gedanken, nicht wirklich gegenwärtig in sinnlicher Gestalt, sondern einzig im Bereich der Vorstellung, literarische Reminiszenzen, eingegeben von der Sehnsucht nach persönlicher Erfüllung. Selbst bei geschlossenen Augen verstummen die Fragen nicht. Nicht in einem Aussage-, sondern in einem Fragesatz erscheinen die Feenreiche, als ob sich das lyrische Subjekt selbst der Erscheinung unsicher wäre. Im Fragen nach der Herkunft des Wunderbaren meldet sich unüberhörbar der Widerstand des Bewußtseins zu Wort, der Zweifel an dem Geschauten. Verräterisch ist der Vergleich der wunderbaren Inhalte mit den Goldfischen im Gartenteich. Nur in der selbst geschaffenen Privatidylle hat das Schöne einen gewissen, aber von vornherein begrenzten Raum.

Dem Seherleben folgt das Hörerleben des Wunderbaren. Christliches und Heidnisches verschmelzen zu einer auditiv vermittelten Vision idyllisch bukolischen Friedens. Das Kompositum „Hirtenflöte“ ruft sowohl Vorstellungen von den Hirten in Bethlehems Stall wach als auch die Vorstellung Pans, jenes arkadischen Gotts der Schafhirten, der so meisterhaft die Flöte zu spielen verstand. Heidnisch beschwingtes Christentum und christlich vertieftes lustvolles Erleben führen vereint zur Erfahrung persönlicher Weite. In hartem Kontrast dazu steht der in der Frage formulierte Hinweis auf die reale Enge in den „traurigen" Wänden. Wiederum desillusioniert die Frage das beglückende Erlebnis als bloße dichterische Phantasie, als eine poetische Fata Morgana.

Ob es sich nun um die illusionären Sinneseindrücke der Feenreiche oder die Klänge der Hirtenflöten handelt, immer bleiben die Empfindungen selbst undetailliert, im Grunde ohne wirklich sinnliche Konturen. Im Vergleich wirken Eichendorffs Posthorn und vor allem sein ausgemaltes Italienbild wesentlich gegenwärtiger und lebendiger. Bei Mörike scheint sich die Außenwelt vollends aufzulösen im subjektiven Augenblick. Die aufsteigenden Bilder, mehr benannt als geschildert, geben sich als bloße literarische Fiktionen zu erkennen. Das Subjekt erscheint in seiner äußersten Isolation zwischen der poetischen Illusionierung seiner Existenz und dem schmerzlichen Bewußtsein seiner realen Einsamkeit.

Doch im Kreis von Illusionierung und Desillusionierung schwankend, erhebt es sich immer wieder zu neuen Flügen seiner Phantasie, verzweifelte Versuche, der traurigen Enge der Wirklichkeit zu entkommen, Erfüllung zu finden im poetischen Traum. Nur vorgestellt ist auch der Flug der Seele. Die beschworene Ferne gewinnt nicht in einem einzigen Detail Gestalt, ein Wort ohne wirkliche Anschauung, ein Ziel, das im Nirgendwo der Idee verschwimmt. In der Loslösung der dichterischen Phantasie von der sinnenhaften Erfahrung spiegelt sich die unaufhebbare Isolation des lyrischen Subjekts, zurückgeworfen auf sich selbst, darbend bei einer im Grunde blutleeren poésie pure. Selbst der jauchzende Genius ist nur eine geliehene Vorstellung, mehr mythologische Reminiszenz als erlebte Wirklichkeit. Der Geist, der in der römischen Religion einer Person innewohnt, ist zur Idee entfremdet. Sein Jauchzen klingt ein wenig forciert und hohl.

Notwendig bricht auch die Illusion der persönlichen Ausweitung in sich zusammen. Gleich drei hintereinander geschaltete Fragen dringen in die Vorstellung ein und heben sie auf. Ist die Wehmut noch ein mehr allgemeines Symptom des Ungenügens in der Gewißheit unzureichender Phantasie, so meldet sich in den beiden folgenden Fragen die Zeit ganz unverhohlen und unübersehbar zu Wort. In die scheinbar zeitlose Idylle zwischen Nacht und Tag dringt der Morgen unaufhaltsam ein und mit ihm das Bewußtsein vergangener und werdender Zeit. Endgültig zerrinnt die Illusion. Der Geist, der nur ein Geist fiktiver Welten war, hält nicht stand. Ein Stillstehn kann es nicht geben. Der idyllische Augenblick mündet wieder ein in den Zeitfluß.

Die Versuche, die eigene Existenz durch Beschwören literarischer, religiöser und mythologischer Welten gehaltlich zu illusionieren, sind endgültig gescheitert. Allzu tief klafft die Kluft zwischen fiktiver Vorstellung und realem Bewußtsein, das nicht verstummen will. Die andrängende Wirklichkeit läßt sich durch imaginierte Gehalte auf die Dauer nicht abwehren. Was jedoch auf gehaltlichem Weg scheitert, gelingt zum Schluß durch strukturelle Verfremdung. Der anbrechende Tag, der sich nicht fortleugnen läßt, wird mehrfachen poetischen Brechungen unterworfen. Zunächst erscheint der Tagesanbruch als Parallele zum Vorhang, der sich vor Beginn der Aufführung hebt. Auf diese Weise wird der Tag selbst zum Geschehen auf der Bühne, zu einem theatralischen Ereignis verfremdet. Nicht länger versucht das lyrische Subjekt, die Fiktion gegen die Wirklichkeit auszuspielen, sondern stellt die Wirklichkeit selbst in einen fiktionalen Rahmen. Der theatralischen folgt die träumerische Verfremdung. Das Versinken der Nacht erscheint nur als ein Traum des Tages, ist also ebenso unwirklich wie das Bühnengeschehen. Damit ist der Tag auf dem Weg doppelter Brechung zunächst auf Distanz gerückt.

Doch Distanzierung allein genügt nicht angesichts des fortschreitenden Tagesanbruchs. Will das lyrische Subjekt nicht erneut in die Desillusionierung zurückgestoßen werden, so muß es sich in irgendeiner Weise mit dem Unabänderlichen arrangieren. In einer letzten poetischen Anstrengung wird der Tag euphemistisch verklärt. Er erhält in andeutender erotischer Darbietung die Züge einer Geliebten. Das, was es zu verdrängen und abzuwehren galt, erscheint nun als reizvoll und höchst anziehend. Die erotische Metaphorik wendet das Bedrohliche ins Liebliche. Mit einer raffinierten Identifizierung schließt das Gedicht. Gerade, was den Tag so bedrohlich macht, das zeitliche Fortschreiten, das zerstörerisch in die zeitlose Idylle einbricht, wird nun in die eigene Vorstellungswelt hineingenommen. Der Flug der Seele scheint sich in den königlichen Flügen des Tages zu wiederholen, der, zum Gott mythisch stilisiert, zur Identifikation einlädt. Das Fortschreiten der Zeit ist eins geworden mit dem Flug der Phantasie, das lyrische Subjekt identifiziert sich mit dem anbrechenden Tag und bestimmt königlich souverän über die Art seiner persönlichen Entfaltung. In euphemistischer Verklärung und in der Identifizierung mit dem Bedrohlichen gelingt zum Schluß die Verarbeitung aktueller Angstzustände. Die Zeit mit ihren Erwartungen an den einzelnen scheint poetisch gebannt.

Was sich bei Eichendorff andeutete, die Isolation des lyrischen Subjekts, ist nun unentrinnbare Wirklichkeit geworden. Der sechzehn Jahre jüngere Mörike hat dem romantischen Unendlichkeitsstreben endgültig entsagt. In der ausschließlichen Konfrontation mit restaurativer Enge bleibt dem einzelnen nur der persönliche Rückzug, der poetisch erfüllte Augenblick, in dem die verhaßte Zeit endlich stillzustehen scheint. Mit immer neuen Abwehrmanövern verteidigt er das ihm verbliebene Refugium subjektiver Identität. In dem Maße, wie ihm die Zeit persönliche Entfaltung und sinnvolles Handeln versagt, sucht er Erfüllung in den Bereichen der Imagination, wird zum poetischen Illusionisten in einer entzauberten Geschichtswelt.

Im lyrischen Subjekt der Restauration radikalisieren sich die Isolationstendenzen der Spätromantik. Der Blick fällt nicht länger aus dem Fenster in eine ferne Welt, sondern in das eigene Innere, das es gegen jeden äußeren Einfluß abzuschirmen gilt. Kunst wird zur Droge, um der bedrückenden Wirklichkeit zu entrinnen. Mörikes Gedicht stellt den wiederholten Versuch subjektiver Berauschung dar, die schließlich, fragwürdig genug, gelingt im Triumph poetischer Strukturen über den Gehalt.

Annette von Droste-Hülshoff:

Im Grase

Süße Ruh', süßer Taumel im Gras,
Von des Krautes Arom' umhaucht,
Tiefe Flut, tief, tief trunkne Flut,
Wenn die Wolke am Azure verraucht,
Wenn aufs müde schwimmende Haupt
Süßes Lachen gaukelt herab,
Liebe Stimme säuselt und träuft
Wie die Lindenblüt' auf ein Grab.

Wenn im Busen die Toten dann,
Jede Leiche sich streckt und regt,
Leise, leise den Odem zieht,
Die geschloßne Wimper bewegt,
Tote Lieb', tote Lust, tote Zeit,
All die Schätze, im Schutt verwühlt,
Sich berühren mit schüchternem Klang
Gleich den Glöckchen, vom Winde umspielt.

Stunden, flücht'ger ihr als der Kuß
Eines Strahls auf den trauernden See,
Als des ziehnden Vogels Lied,
Das mir niederperlt aus der Höh',
Als des schillernden Käfers Blitz
Wenn den Sonnenpfad er durcheilt,
Als der flücht'ge Druck einer Hand,
die zum letzten Male verweilt.

Dennoch, Himmel, immer mir nur
Dieses eine nur: für das Lied
Jedes freien Vogels im Blau
Eine Seele, die mit ihm zieht,
Nur für jeden kärglichen Strahl
Meinen farbig schillernden Saum,
Jeder warmen Hand meinen Druck
Und für jedes Glück einen Traum.

(Aus: Annette von Droste-Hülshoff: Sämtliche Werke Bd. 1. Hrsg. v. Günther Weydt und Winfried Woesler. München 1973. S. 436–437.)

Das im September/Oktober 1844 entstandene Gedicht erschien zum erstenmal in der „Kölnischen Zeitung“ vom 24. 11. 1844 im Druck. Es folgte der Abdruck in den von Levin Schücking herausgegebenen „Letzten Gaben“ im Jahre 1860.

Ein Natureingang leitet das Gedicht ein. Im Vordergrund stehen Ruhe und Zuständlichkeit. Zurückgedrängt ist die verbale Bewegung im sinnlichen Erleben idyllischer Natur. Visuelle, olfaktorische und akustische Reize vermitteln den Eindruck unmittelbarer Präsenz. Das Leben im Gras, die wogende Flut der Halme korrespondieren mit dem wolkenlosen Himmel, alles trunken von Licht und Wärme. Der aufsteigenden Linie vom Gras hinauf in den Himmel antwortet im zweiten Teil die absteigende Linie des Lachens, der Stimme und der Lindenblüten, alle von oben nach unten gerichtet. Das Ineinander von auf- und absteigender Linienführung gestaltet einen in sich abgeschlossenen Raum, einen Bezirk in sich ruhenden, selbstgenügsamen Glücks. Der Augenblick triumphiert über den Zeitraum, Höhe und Tiefe scheinen wichtiger als Nähe und Ferne. Eine Insel ewiger Gegenwart, Zeit und Raum zusammengedrängt im Brennpunkt momentanen Erlebens.

Unbeschwerte Heiterkeit liegt über dem idyllischen Stilleben. Taumeln, Gaukeln, die trunkne Flut und das Lachen deuten auf Fröhlichkeit, auf einen erlösten Zustand, auf ein spontanes, sich ganz dem Augenblick hingebendes Verhalten. Dem Verschmelzen von oben und unten, von der wogenden Grasflut mit dem azurblauen Himmel im Licht der gaukelnd herablachenden Sonne, entspricht das Einswerden von Innen und Außen, des Bewußtseins mit dem Sein. Die Grenzen zwischen dem Erlebenden und dem Erlebten fallen, der einzelne mündet ein in die Flut des Seienden. Von großer emotionaler Eindringlichkeit sind die Attribute, gesteigert noch durch Wiederholung und Reihung. „Süß", „tief" und „lieb" verweisen auf Zärtlichkeit und Innigkeit, auf ein Erleben inneren Zusammengehörens. Empfindungen des Umhülltseins, des Eintauchens und der sich verströmenden Auflösung dominieren und bestimmen den emotionalen Duktus. Das von der gesteigerten sinnlichen Empfindung erweckte Gefühl hebt die Grenzen auf und verbindet den Menschen wieder mit dem Urgrund seines Daseins. Die Wirkungen treten an die Stelle der Ursachen und gewinnen selbst sinnliche Gestalt. Im süßen Lachen ist die Sonne ebenso gegenwärtig wie in der lieben Stimme der singende Vogel am Himmel. Akustisches und Visuelles vermischen sich zu synästhetischem Erleben. Hörbar im Lachen erscheint das Sonnenlicht, im Säuseln und Träufen wird die Vogelstimme sichtbar. Hören und Sehen sind eins, verbunden zur sinnenhaften Totalität.

Die Erfahrung ewiger Gegenwart, der Aufhebung linearer Zeit- und Raumerstreckung und der tiefen Einheit des Seienden gipfelt im abschließenden Bild der Lindenblüten, die „auf ein Grab" fallen. Überlieferte Symbolvorstellungen werden wach. Von alters her gilt die Linde als mütterliche Beschützerin des Lebens. In der Hoffnung auf die Unsterblichkeit des Seins gründet der Brauch, Linden auf Kirchhöfen anzupflanzen. Uralt ist der Glaube an die heilende Kraft der Lindenblüten. Von dem Augenblick, in dem Zeit und Raum, das ganze Sein sich wie in einem Brennpunkt konzentrieren, geht eine unwiderstehlich belebende Wirkung aus. Dem herabgaukelnden Lachen, dem Licht und der Wärme der Sonne, entsprechen die Lindenblüten. Beide bewirken das Aufblühen des Lebens. In der Bewegung von oben nach unten spiegelt sich der immerwährende Vorgang der Befruchtung. Aber nur der im Augenblick Verharrende wird der wirkenden Naturkräfte inne, nur er erfährt die Unsterblichkeit | lebendigen Seins.

Als Teil des Naturkosmos ist auch in ihm die lebenschaffende Kraft wirksam. Der Augenblick ewiger, beseligender Gegenwart hebt die Vergangenheit auf, erfüllt das Tote mit neuem Leben. Der poetische Augenblick überwindet die Zeit und wird zum Vorschein der wirklichen Ewigkeit. Das Gedicht ist ein aus dem Zeitfluß herausgehobenes Gebilde, Zeugnis eines Lebens, dem die Zeit nichts anhaben kann. Tot sind Liebe, Lust und Zeit nur unter dem Aspekt der Vergänglichkeit, wenn der Mensch sie dem Strom des Vergehens überläßt. Im spontanen Erinnern des scheinbar Versunkenen, im schöpferischen Vergegenwärtigen lebt das verstorben Geglaubte, erwacht das Tote zu neuem Leben. Einer Schatzkammer gleich öffnet sich das Bewußtsein. Im Nebeneinander der Schätze offenbart sich die ewige Gegenwart des Lebensglücks. Den auf das Grab fallenden Lindenblüten entsprechen die vom Winde umspielten klingenden Glöckchen. Wie die Blüten das Tote beleben, so bringt der belebende Wind das Unbelebte zum Klingen. Hier wie dort ereignet sich im erfüllten Augenblick, im Bewußtsein der Einheit mit allem Seienden, eine beglückende Erweckung.

Doch der erfüllte Augenblick ist Episode und mündet unweigerlich wieder ein in den Zeitfluß. Auch die lyrische Empfindung, in der die Zeit stillzustehen scheint, sinkt wieder zurück ins Alltagsbewußtsein, in die Gewißheit des Flüchtigen und Trennenden. Wie „der Kuß eines Strahls“ ist das Gedicht selbst, in dem die Ewigkeit für einen Moment aufscheint und das Sein, gespiegelt im trauernden See, sich seines tiefsten Sinns vergewissert. Die vereinigende lyrische Empfindung weicht letztlich der trennenden Reflexion und macht das Glück des Einsseins zunichte. In vierfacher Beispielreihung erscheint die Unabänderlichkeit vergehenden Glücks. Der Strahl auf dem See, das Lied des vorüberziehenden Vogels und das Aufblitzen des schillernden Käfers im Sonnenlicht verweisen auf das Flüchtige, auf das unendlich Schöne im endlichen Moment. Wie Strahl, Vogellied und aufblitzendes Sonnenlicht ist das Gedicht eine Momentaufnahme tiefsten Sinns. Verschmolzen im Augenblick des Empfindens Visuelles und Akustisches zu synästhetischer Wahrnehmung, so sind sie nun, im Zustand der Reflexion, wieder getrennt.

Flüchtig ist nicht nur die momentane Erfahrung des Einsseins mit der Natur, sondern auch die Begegnung mit dem Du. Trennung und Abschied stehen unausweichlich am Ende. Der Glanz des erfüllten Augenblicks verblaßt wie das Glück der Gemeinschaft. Zurückbleibt das Bewußtsein, am Rande zu stehen, allein zu sein. Unaufhörlich reiht sich Vergangenes an Vergangenes, Abschied an Abschied, episodisch unterbrochen von seltenen Augenblicken beglückender Gegenwart. Die asyndetische Reihung der Beispiele unterstreicht das Tempo des Vergehens, die atemlose Folge der sich gegenseitig jagenden flüchtigen Erscheinungen. Im Vergleich mit der ersten Strophe ist die Bewegung einseitig von oben nach unten gerichtet. Der Reflektierende versagt sich den Blick hinauf in den Himmel. Demgegenüber nimmt der Eindruck der horizontalen Bewegungsrichtung zu. Von ziehenden Vögeln ist die Rede, von Käfern, die den Sonnenpfad durcheilen und, in unmißverständlicher Andeutung, von dem Mitmenschen, der sich auf immer entfernt. Das lineare Verstreichen der Zeit spiegelt sich im Hervortreten der Dimension der Ferne.

Doch im Bewußtsein der erlebten erfüllten Augenblicke bäumt sich das lyrische Subjekt auf gegen das unaufhörliche Verfließen der Zeit. Durch Inversion, Einschübe und den effektvoll gesetzten Doppelpunkt entsteht zu Beginn der Schlußstrophe ein syntaktischer Stau als Ausdruck des Anhaltens, Versuch, durch sprachlich-künstlerische Gestaltung dem Vergehen Einhalt zu gebieten. Beschwörend klingt die wiederholte Ausschließlichkeit der Bitte: „immer mir nur" und „Dieses eine nur". Die exklusive sprachliche Konzentration auf das „eine" entspricht der Orientierung am Augenblick. Angesichts der reflektierend wahrgenommenen Vergänglichkeit verlangt das Subjekt zurück nach der Empfindung ewiger Gegenwart im Einssein mit allem Seienden.

Parallel zur dritten Strophe werden ebenfalls vier Beispiele gereiht, die in etwa die vorausgegangenen Motive widerspiegeln. Stand aber dort das Trennende im Vordergrund, so ist es hier das Verbindende, das Schritt für Schritt die elegische Erfahrung zu überwinden sucht. Verbunden mit den Vögeln werden die Seelen der Verstorbenen. Im Rückgriff auf die vertraute sinnbildliche Vorstellung des Vogels als Seelentier gewinnt die Hoffnung auf Unsterblichkeit Gestalt. Sinnliche Erscheinung und geistige Bedeutung verschmelzen im Symbol zur Einheit. Das Motiv des Strahls korrespondiert sowohl mit dem Strahlenkuß der vorausgehenden Strophe als auch mit dem im Sonnenlicht blitzenden Käfer. Aber das Flüchtige des Erlebens dort scheint nun ganz aufgehoben in dem Eindruck des Ineinanders von Strahl und Saum. Natur und Ich werden eins in dem Augenblick, wenn das Licht den farbigen Saum des Kleides berührt. Das wiederaufgenommene Attribut „schillernd", nun bezogen auf das lyrische Subjekt selbst, verweist auf den strahlenden Augenblick der Empfindung, in dem alles wie in einem Brennpunkt vereint ist.

Wiederaufgenommen wird auch die soziale Erfahrung. Doch kein Wort der Trennung und des Abschieds fällt mehr. Entscheidend ist nur noch die unbegrenzte Öffnung zum andern, zum lebendigen Mitmenschen, der die Begegnung sucht. Nicht der unweigerliche Abschied steht im Mittelpunkt des Erlebens, sondern der Augenblick der Gemeinsamkeit, das erfüllte Miteinander. Nur die Augenblicke glücklich wahrgenommenen Einsseins sind die wahren Schätze der Erinnerung, nur für sie lohnt es zu leben und Erfahrungen zu machen. Erinnerung verleiht dem Flüchtigen Dauer, sie ist der Aspekt, der aus dem Zeitfluß den beglükkenden Empfindungsmoment insular heraushebt.

Die Schlußzeile weicht in mehr als einer Hinsicht von dem bisherigen Vorgehen ab. Zunächst gibt es in Abweichung von den bisher genannten Motiven keine unmittelbare Entsprechung zu den Motiven der dritten Strophe. Die Motive des Glücks und des Traums verbleiben im auffallenden Unterschied zu den vorausgehenden ganz im abstrakten Bereich. Schließlich unterbricht die Einfügung der Konjunktion „und" die asyndetische Reihung und führt zu einem abrundenden Abschluß. Rein strukturell gelangt damit der poetische Prozeß zu einem wirkungsvollen Ende. Die Aufhebung der asyndetischen Reihung macht die Überwindung des Flüchtigen im sprachlichen Akt sinnfällig.

Gedanklich kommt der Schlußzeile der Charakter einer verallgemeinernden Konklusion zu. Die konkreten Einzelerfahrungen werden auf eine allgemeine Ebene gehoben. Glück ist die spontane Empfindung des Einsseins mit allem Seienden, der Zustand höchster persönlicher Erfüllung. Traum ist die Wiedererinnerung des empfundenen Glücks, träumend hat der einzelne Zugang zu den in seinem Innern gespeicherten Augenblicken zeitloser Gegenwart. Jede momentane Glücksempfindung ist aufgehoben in der träumerischen Vorstellung, die fern von bloßem Trug und Gaukelspiel, den real erlebten, erfüllten Augenblick umschließt.

Die poetische Argumentation vergegenwärtigt die lyrische Poesie selbst. Auch sie ist nach einem Wort Vischers das punktuelle Zünden der Welt im Subjekt, der Brennpunkt, in dem das subjektive Empfinden mit dem objektiven Sein verschmilzt. Lyrik ist der Versuch, die Zeit in der Gegenwart des Gedichts zu überwinden. Zugleich ist das vorliegende Gedicht aber auch charakteristisch für die Geschichtsphase, in der es entstanden ist. Ähnlich wie Mörike betont die Droste das Augenblickhafte, das Verlangen, alles Zeitliche auszuschließen. Rückzug des Subjekts in eng umrissene, geschützte Bezirke kennzeichnet beide Haltungen, die ihre Wurzeln im restaurativen Erlebnis der Enge haben. Während Mörike jedoch den Blick von außen ganz ins Innerliche wendet und in geistig-literarischen Reminiszenzen und Poetisierungen Vergessen sucht, stellt die Droste einen innigen Zusammenhang zwischen subjektiver Empfindung und objektivem Sein her und deutet von daher auf den Realismus voraus.

Heinrich Heine:

Salomo

Verstummt sind Pauken, Posaunen und Zinken.
An Salomos Lager Wache halten
Die schwertgegürteten Engelgestalten,
Sechstausend zur Rechten, sechstausend zur Linken.

Sie schützen den König vor träumendem Leide,
Und zieht er finster die Brauen zusammen,
Da fahren sogleich die stählernen Flammen,
Zwölftausend Schwerter, hervor aus der Scheide.

Doch wieder zurück in die Scheide fallen
Die Schwerter der Engel. Das nächtliche Grauen
Verschwindet, es glätten sich wieder die Brauen
Des Schläfers, und seine Lippen lallen:

O Sulamith! das Reich ist mein Erbe,
Die Lande sind mir untertänig,
Bin über Juda und Israel König –
Doch liebst du mich nicht, so welk ich und sterbe.

(Aus: Heinrich Heine: Sämtliche Werke Bd. 1. Hrsg. v. Ernst Elster. Leipzig und Wien 1890. S. 421.)

„Salomo“ steht als zehntes Gedicht im Zentrum des „Lazarus“-Zyklus, dessen zwanzig Gedichte das zweite Buch (Lamentationen) des 1851 erschienenen „Romanzero“ beschließen. Lazarus, der mit Schwären Bedeckte und von den Brosamen vom Tische der Reichen Lebende (Luk. 16,20 f.) ist eine Selbstfiguration des leidenden Heine der „Matratzengruft“ in der Rue d'Amsterdam in Paris. Die Spätfolgen einer Geschlechtskrankheit fesselten ihn ab 1848 ans Bett. Ein unsägliches Siechtum zum Tode begann, dem der Dichter eine reiche geistige Produktion entgegenstellte, in der er sich immer wieder mit dem nahen Tod und dem christlichen Auferstehungsglauben auseinandersetzte. Lazarus figuriert in diesem Zusammenhang vor allem als der Gestorbene und von Jesus wieder zum Leben Erweckte (Joh. 11).

Der gesamte „Lazarus“-Zyklus behandelt angesichts ausweglosen Leids die Grundproblematik des Daseins, lotet die tragische Erfahrung menschlicher Existenz aus und fragt nach der Tragfähigkeit und Glaubwürdigkeit christlicher Verheißungen. Die Struktur des Zyklus ist wesentlich bestimmt von den sogenannten „Göttlichen Tugenden“ des Glaubens, der Liebe und der Hoffnung (1 Ko. 13,13). Die Gedichte I–VIII stehen ganz im Zeichen der Erörterung des Glaubens an die jenseitige Erlösung aus den Ungerechtigkeiten und den Qualen des Diesseits. Die Verheißungen jedoch, daß der Arme und Leidende im Jenseits für alles entschädigt werden soll, erscheinen jeweils ironisch gebrochen und parodistisch karikiert.

Auch der zweite Komplex, der die Gedichte IX–XV umfaßt, in dem Liebe und Freundschaft im Mittelpunkt stehen, unterliegt einer konsequenten Desillusionierung. Die Hoffnung auf Änderung schließlich, sei es im öffentlichen oder privaten Bereich, sieht sich in der abschließenden Gedichtgruppe ebenfalls radikal enttäuscht. Zurückbleibt der Leidende in grenzenloser Einsamkeit, allein mit seinem Sterben. Der wie der gesamte „Romanzero“ dreigliedrige „Lazarus“-Zyklus ist Heines letzte große dichterische Auseinandersetzung mit fundamentalen christlichen Glaubensinhalten. Am Ende steht in äußerster Desillusionierung die letzte düstere Wahrheit des Todes.

Das „Salomo“-Gedicht bildet den Kern des Zyklus. Es gehört zur Gruppe der um die Liebe als den zentralen Lebensinhalt kreisenden Gedichte. Der biblische Salomo ist in das Gedächtnis vor allem als Träger der Weisheit eingegangen. Bei Jesus Sirach heißt es: „Wie weise warst du doch in deiner Jugendzeit ... und bis zu Himmelshöhen stiegen deine Lieder auf.“ (Sir. 47,14 f.). Kritisch fährt der Chronist indes fort: „Doch gabst du Frauen deinen Körper hin ... So brachtest du auf deine Ehre einen Makel ...“ (Sir. 47,19 f.). Die Figur ist durchaus ambivalent. Der Weisheit und den poetischen Gaben – Salomo gilt als Schöpfer des „Hohenliedes“ – steht die erotische Verfallenheit gegenüber. Salomo ist wie Lazarus eine Selbstfiguration Heines. Wie jener ist er erfüllt von der Weisheit des Dichters, wie jener ist er aber auch ein Märtyrer der Liebe. Fiel Salomo durch seine Zuwendung zu einer Reihe von Frauen aus der Gnade Gottes, so verlor Heine durch eine fatale erotische Begegnung seine Gesundheit.

Bezeichnenderweise knüpft die Situation des Gedichts an das „Hohelied“, den Liebessang Salomos, an. „Siehe, um das Bett Salomos her stehen sechzig Starke aus den Starken in Israel. Sie halten alle Schwerter und sind geschickt zu streiten. Ein jeglicher hat sein Schwert an seiner Hüfte um des Schreckens willen in der Nacht.“ (Hohesl. 3,7,8). Die allnächtliche Bewachung des Königs erscheint bei Heine jedoch mehr als Verweis auf sein allgemeines Lebensschicksal. Bereits das Verstummen der Pauken, Posaunen und Zinken spielt auf das unweigerliche Ende des Lebensfestes an. Nie wieder wird der todkranke Dichter an den Freuden und Genüssen in fröhlicher Gesellschaft teilnehmen können. Vorbei und verklungen sind die Tage des Glücks.

Nicht Räuber und Raubtiere gilt es fernzuhalten, sondern weitaus schlimmer und bedrohlicher, Depressionen und

Ängste vor der endgültigen persönlichen Auflösung. Eine starke Leibwache reicht nicht aus. An ihre Stelle tritt ein Heer streitbarer Schutzengel, nicht sechzig, sondern zweimal sechstausend. Die quantitative Übersteigerung wirkt auf der einen Seite ironisch, auf der andern spiegelt sich darin das Ausmaß der Bedrohungen und inneren Anfechtungen, denen sich der leidende einzelne unaufhörlich ausgesetzt sieht.

Die Vorstellung des Engels als nächtlicher Wächter findet sich bereits im Buche Daniel: „Und ich sah ein Gesicht auf meinem Bette, und siehe, ein heiliger Wächter fuhr vom Himmel herab." (Dan. 4,10). Unmittelbar verweist die Formulierung „zur Rechten ... zur Linken" auf das in „Des Knaben Wunderhorn" überlieferte „Abendgebet", das Humperdinck 1893 seiner Oper „Hänsel und Gretel" einfügte.

Abends, wenn ich schlafen geh,
Vierzehn Engel bei mir stehn,
Zwei zu meiner Rechten,
Zwei zu meiner Linken,
....

Die zahlenmäßige Übersteigerung ist zweifellos parodistisch. Parodiert wird der naive Kinderglaube des Abendgebets, die Zuversicht auf Erlösung und Auferstehung.

Heines späte Lyrik ist entscheidend geprägt von der eigenen tragischen Situation. Das authentische lyrische Subjekt wird zum Sinnbild des leidenden Menschen schlechthin, dem, erfüllt von dem Verlangen nach irdischer Liebe, die Liebe selbst zum Verhängnis wird. Im Spiegel der Bibel erscheint seine eigene existentielle Problematik. Sie vertieft und verinnerlicht die biblischen Situationen und Ereignisse. Nicht die Leibwächter, sondern die Engel sind imstande, die Bedrohungen abzuwehren, die sich nicht von außen gegen den Leib richten, sondern von innen in Gestalt zerrüttender

Ängste ins Bewußtsein dringen. Die Engel allein, wenn überhaupt, besitzen die Fähigkeit, Angstträume zu erkennen und zu bannen. Sie sind die eigentlichen Hüter des Schlafs.

Die martialisch konkrete Schilderung des Abwehrkampfs der Engel verweist auf den ersten Blick auf gläubiges Vertrauen und ironisiert es auf den zweiten. Je handgreiflicher der engelhafte Schutz Gestalt gewinnt, je sinnenfälliger sich der einsam Leidende die Geborgenheit ausmalt, desto fadenscheiniger wird der Glaube selbst, desto entlarvender erscheint er als naive Wunschträumerei, die sich ihre Helden und Kompensationen nach Bedarf erschafft. Spirituelles, in die sinnliche Welt versetzt, zerrinnt unter den Händen, löst sich in Nichts auf. Nur im Traum begegnen die Engel, nur „träumendes Leid" vermögen sie zu bekämpfen. In der Wirklichkeit, vor dem wirklichen Leiden, sind sie machtlos, weil dort für sie kein Platz ist. Ihre immense Anzahl verrät die bedrängende Intensität des Wunsches, vom Leiden befreit zu werden, und enthüllt zugleich den durch und durch irrealen Charakter des Wunsches. Das inflationäre Engelaufgebot karikiert den naiven Kinderglauben. In tragikomischer Geste muß der Leidende das verspotten, woran er glauben möchte, weil es nichts mehr ist als spirituelle Spekulation.

Die den gesamten „Lazarus"-Zyklus bestimmende Desillusionierung gibt sich als ironische Diskrepanz von Aussage und Stil zu erkennen. Was inhaltlich dargestellt wird, hebt die Darstellung selbst wieder auf. Die im ganzen skeptisch desillusionierende Stilisierung zieht letztlich auch die biblische Autorität in Zweifel. Der Salomo der Bibel, dem Gott gleich zweimal im Traum erscheint und von dem Gottes Huld trotz schwerer Vergehen nicht abläßt, gerät in die Nähe einer Fabelgestalt. Der wirklich Leidende ist von allen guten Geistern und Gott verlassen. Göttliche Huld zerrinnt zur frommen Illusion.

Der Traum als desillusionierendes Medium bestimmt die

Situation des Gedichts. Für die Dauer des Schlafs vermag er die Spuren der Angst aus dem Bewußtsein zu tilgen und mit ihnen für kurze Frist die Gewißheit ausweglosen Leids. Nach der Abwehr der Angst im Traum ziehen folgerichtig im Sinne der Traumlogik die Wünsche ein. Ist die Angst Symptom der realen Gefährdung des Seins, so spiegelt sich im Wunsch das Bewußtsein einer nur vorgestellten Geborgenheit.

Inhalt des Wunschtraums ist die Sehnsucht nach irdischer Liebe. In Sulamith, der Braut des Salomo zugeschriebenen „Hohenliedes", könnte sie ihre Erfüllung finden. Nicht die Macht und die Herrschaft über Juda und Israel sind lebenswichtig, was einzig zählt, ist die Liebe. Im privaten, ganz intimen Bereich findet der einzelne sein Glück. Wie im gesamten „Romanzero" so setzt Heine auch hier die markant hervortretenden Tendenzen zur intimen Privatisierung fort. Die geschichtlich-politische Öffentlichkeit, in den Zeitgedichten von 1844 noch deutlich betont, tritt zusehends in den Hintergrund und erscheint relativiert. Ein unverkennbar zentripetales, auf die private Existenz gerichtetes Strukturprinzip zeichnet sich sowohl im „Romanzero" insgesamt ab als auch im „Lazarus"-Zyklus und in dem vorliegenden Gedicht.

Alles verweist immer wieder zurück auf den einzelnen, auf seine Sehnsüchte und sein Leiden. Herausgefallen aus der Wirklichkeit, kreist das Subjekt unablässig um sich selbst. König Salomo, von Anekdoten und Legenden umrankt, in dessen Regierungszeit man das goldene Zeitalter Israels verwirklicht sah, ist längst auch ein „letzter und abgedankter Fabelkönig", wie sich Heine selbst im Brief vom 3. Januar 1846 an Varnhagen von Ense bezeichnet, ein sagenhafter Herrscher über ein vor langer Zeit versunkenes romantisches Reich, in dem alle Widersprüche versöhnt schienen. Salomo wie Heine bewegen sich jenseits von Raum und Zeit nur noch im Halbdunkel der Legende, im Niemandsland von Sage und Traum. In der Identifikation mit dem zu einem mythischen Schemen verblaßten König beginnt sich der Identifizierende selbst aufzulösen, einzutreten in das Reich der Schatten. Das lyrische Subjekt wird eins mit der angenommenen Rolle und teilt ihr Schicksal. Zugleich tritt der einzelne hinter die Rolle zurück, die ihm ermöglicht, seine eigene existentielle Problematik distanzierend zu verarbeiten.

Eine Traumliebe ist die Liebe zu Sulamith, die Geliebte selbst nur gegenwärtig in den Worten des lallenden Schläfers. In tragischer Ironie widerlegt die Wirklichkeit den Traum. An die Stelle sinnlicher Gegenwart tritt in doppelter fiktionaler Brechung das geträumte Wort. Nur der einsam Träumende vermag mit der positiven Erfüllung der Bedingung zu spielen: „Doch liebst du mich nicht, ..." In Wirklichkeit hat sich die Bedingung längst negativ erfüllt. Die fließende, die Versgrenzen überspielende Syntax zerfällt in der letzten Strophe in ein kurzatmiges Stakkato. „Sterben", das letzte Wort des Gedichts, korrespondiert mit dem ersten „verstummen". Gebannt ist der Träumer im Bereich des Todes. Ein Entrinnen ist ausgeschlossen.

Stil und Darbietungsform heben die Aussage ständig auf, entlarven sie als Wunschtraum eines maßlos Leidenden. „Goldne Wünsche! Seifenblasen!/ Sie zerinnen wie mein Leben." heißt es im unmittelbaren Anschlußgedicht „Verlorene Wünsche". Das „Salomo"-Gedicht ist der letzte Versuch, noch einmal zu lieben, zu schwärmen und glücklich zu sein, wie es in dem vorausgehenden Gedicht „Der Abgekühlte" ausgesprochen wird, ein letztes Aufbäumen gegen das Unabänderliche, den Triumph der Lieblosigkeit.

Doch der Versuch scheitert. Nur noch traumhaft erlebbar sind Liebessehnsucht und die Liebe selbst. Die sinnliche Gegenwart ist dem Träumenden längst entglitten. Im Zentrum des „Lazarus"-Zyklus steht die letzte verzweifelte Beschwörung der Liebe, die sich nicht länger in dem sich auflösenden Lebenskreis des Sterbenden bannen läßt. Der Tod der Liebe macht allen Glauben, alle Hoffnung zunichte.

Liebe steht für Heine wie für den Christen im Zentrum der Orientierung. Fremd ist dem Sensualisten jedoch der christliche Spiritualismus. Liebe ist unteilbar. Ein Glaube, für den das Absterben der sinnlichen Liebe die Voraussetzung für den Gewinn der geistlichen bildet, erscheint zutiefst unglaubwürdig. Ein über die Liebe den Tod verhängender und zugleich liebender Gott ist ein Widerspruch in sich. Wer liebt, tötet nicht, und wer tötet, ist ohne Liebe.

In dem erwähnten Brief an Varnhagen von Ense bekennt Heine seine körperliche Erkrankung, aber die Seele, so schreibt er, sei „keineswegs welk und sie wurzelt noch fest in der Wahrheit und Liebe". Wenn aber auch die Liebe zerrinnt, bleibt nur noch die Wahrheit, das ungeschminkte Eingeständnis des unweigerlich bevorstehenden Endes. Der letzten, düsteren Wahrheit des Todes gilt es standzuhalten.

Radikaler als Mörike und die Droste entsagt Heine allen Versuchen, das Glück des einzelnen an den erfüllten Augenblick zu binden. Dem Leidenden entgleitet die Welt, sein Stil, fern von verklärender Poetisierung, desillusioniert alle Erfüllungsphantasien. Heine ist nicht nur der letzte und abgedankte Fabelkönig der Romantik, er ist es vor allem auch, der in schonungsloser Wahrheit dem restaurativen, in die Isolation geflüchteten Subjekt die Maske vom Gesicht reißt und den einzelnen mit seiner Verzweiflung konfrontiert, mit der Unfähigkeit, Ich und Welt zu versöhnen, um die furchtbare Einsamkeit des Individuums aufzuheben.

Nikolaus Lenau:

Waldlied IX

Rings ein Verstummen, ein Entfärben;
Wie sanft den Wald die Lüfte streicheln,
Sein welkes Laub ihm abzuschmeicheln;
Ich liebe dieses milde Sterben.

Von hinnen geht die stille Reise,
Die Zeit der Liebe ist verklungen,
Die Vögel haben ausgesungen,
Und dürre Blätter sinken leise.

Die Vögel zogen nach dem Süden,
Aus dem Verfall des Laubes tauchen
Die Nester, die nicht Schutz mehr brauchen,
Die Blätter fallen stets, die müden.

In dieses Waldes leisem Rauschen
Ist mir, als hör' ich Kunde wehen,
Daß alles Sterben und Vergehen
Nur heimlichstill vergnügtes Tauschen.

(Aus: Nikolaus Lenau: Sämtliche Werke und Briefe Bd. 1. Hrsg. v. Walter Dietze. Frankfurt/M. 1971. S. 431–432.)

Nikolaus Lenaus „Waldlieder“ 1 bis 9 erschienen vom 16. bis 18. April 1844 im „Morgenblatt für gebildete Leser“ bei Cotta in Stuttgart im Erstdruck. In der letzten zu Lenaus Lebzeiten im Jahre 1844 veranstalteten Ausgabe der Gedichte bilden die „Waldlieder“ den Schluß. Sie sind so etwas wie das abschließende Wort des Lyrikers. Allein dadurch erhalten sie in der Gesamtentwicklung von Lenaus lyrischer Dichtung ein entscheidendes Gewicht.

Das neunte Waldlied begegnet zum erstenmal in dem Brief vom 16. Januar 1844 an Emilie von Reinbeck. Es setzt, für Lenau eher untypisch, mit einer panoramatischen Blickführung ein. Umfassend tritt die Natur ins Blickfeld, ohne daß der Betrachter selbst eingeführt wird. Ein genau beobachtetes Naturbild aus der Totalen gewinnt Gestalt, ein empirisches Schauspiel in der Schwebe zwischen Zustand und Vorgang.

In den substantivierten Verben spiegelt sich das Sein im Werden, der immerwährende Prozeß, der über die Grenzen des momentan Erreichten stets schon wieder hinausdrängt. Die Präfixe in „Verstummen“ und „Entfärben“ deuten auf einen Vorgang zum Ende, auf ein Wachsen, das resultativ in Vergehen mündet. Sprache gestaltet die Kontur sinnenhaften Geschehens.

Doch die allgemeine Prozeßhaftigkeit läßt keine Trauer aufkommen, das Ende ist Teil eines zyklischen Ablaufs. Der Wald, symbolische Vergewisserung der Dialektik von Werden und Vergehen, ist ein lebendes Wesen, das sich willig in den Zyklus einfügt. Verdeutlicht in der vorgezogenen Objektstellung, wird er erkennbar als das Ziel sanft einwirkender Kräfte, die ihm bloß das nehmen, was kein Leben mehr hat. Er selbst aber als unverwüstlicher Lebensträger bleibt erhalten. Nur das Individuelle stirbt, unsterblich ist das kollektive Sein. Der Wald ist zentrales empirisches Symbolzeichen.

Erst jetzt meldet sich der Betrachter zu Wort, aber nicht, indem er das Geschilderte als Projektion eigener innerer

Vorgänge auf sich selbst zurückbezieht, sondern indem er sich wie der Wald in Liebe dem großen Zyklus unterwirft. Das lyrische Subjekt beginnt sich zu objektivieren und erreicht dadurch im Vergleich mit der Lyrik Mörikes, der Droste und Heines eine neue Qualität. Im Paradox des „milden Sterbens" enthüllt sich die Wahrheit der Natur, daß jedes Ende bereits den Keim des Anfangs enthält.

Erst dem, der aus sich selbst heraustritt, erschließt sich der wahre Sinn. Nicht länger ist für ihn Natur die Bühne, auf der er seine Gefühle inszeniert, sondern das ursprüngliche Sein, nicht Abbild, sondern Urbild. In der Schilderung der Natur ist der einzelne mitaufgehoben. Eine gesonderte Heraushebung widerspräche seinem eigenen Selbstverständnis.

Die zweite Strophe wiederholt die Dialektik von Zuständlichkeit und Bewegung auf der Ebene vertrauter Herbstmotive. In den von umarmender Reimstellung eingeschlossenen Binnenzeilen ist in paralleler syntaktischer Fügung noch einmal die Rede vom Ende, vom Ende der Liebe und des Vogelsangs, wiederum sinnfällig gemacht durch die Wahl resultativer Präfixe. Das Perfekt jedoch vermeidet feinsinnig den Eindruck des endgültig Abgeschlossenen. Die durch den Reim verbundenen, umarmenden Zeilen verweisen auf Bewegung. Im Reisen und Sinken offenbart sich der unablässig wirksame Prozeß in der Natur. Der Stillstand in den Binnenzeilen ist trügerisch. Das Präsens realisiert den iterativ-durativen Aspekt des Vorgangs.

Auffällig ist einmal mehr das völlige Zurücktreten des Betrachters hinter die empirische Szene. Vermieden werden Vergleiche und Metaphern, durch die das Betrachtete auf die persönliche Situation übertragen werden könnte. An ihre Stelle treten ausschließlich sinnliche Eindrücke und Erfahrungen, die im Empirischen das Essentielle, im momentanen Sein den immerwährenden Sinn durchscheinen lassen. Während die Metapher den Gegenstand in Bedeutung auflöst, also eigentlich Entwirklichung betreibt, macht das symbolische Sprechen in Lenaus Waldlied die Erscheinung transparent für den Sinn, ohne daß das Phänomen in seinem empirischen Sosein angetastet wird.

Die Wendung des lyrischen Subjekts nach außen, heraus aus seiner psychischen Isolation, überwindet mit der instrumentalen Natursicht das uneigentliche Sprechen und führt zu einer empirischen Unmittelbarkeit, die sich im Symbol kristallisiert. Mit der neuen sinnenhaften Erfahrung von Welt gewinnt der einzelne seine Konkretheit zurück, indem er sich als ein Wesen aus Fleisch und Blut wiederentdeckt.

Der Weg vom Bild- zum Sinnzeichen aber ist der Weg des restaurativen zum realistischen Lyriker, zu deren Vorläufern Lenau spätestens seit seinen „Waldliedern" zu zählen ist. Die restaurative Existenz ist im wesentlichen durch private Beschränkung, Kreisen um die eigene psychische Problematik, schmerzliche Vereinsamung und ironische, mitunter satirische Abwehrhaltungen gekennzeichnet. Der Mensch in der Isolation ringt in den Versen der Droste, Heines und Mörikes nach Ausdruck, der einzelne, den die Geschichte an den Rand gedrängt hat und der, um sich zu behaupten, sich in seiner Selbstreflexion, seiner ästhetischen Phantasie und seiner Intellektualität, in also weitgehend sekundär abgezogenen Erlebnisformen, eingerichtet hat.

Lenau überwindet die isolationistische Haltung spät und auch dann nur punktuell, aber immerhin weist er während einer kurzen Phase seines Dichtens die Richtung, in der ein neues integratives Verständnis vom Menschen zu suchen ist. Angesichts einer weiterhin erstarrten Gesellschaft und unbeweglicher Herrschaftsstrukturen fällt der Blick auf die zyklische Dynamik der Natur. In der Identifikation mit ihr, mit ihrer vitalen Prozeßhaftigkeit, liegt die Chance eines freiheitlichen Bewußtseins, das weniger revolutionär als evolutionistisch neue Hoffnung aufkommen läßt, und den Menschen herausführt aus dem beengten, letztlich unbefriedigenden Zustand individueller Selbstgenügsamkeit.

Lenaus abschließendes Waldlied ist in seiner symbolischen Sprachgebung und seiner empirischen Blickführung, in der sich im Visuellen die Wiederentdeckung der sinnlichen Qualität menschlichen Seins vollzieht, ein eindrucksvolles Beispiel für den Aufbruch des Menschen in eine als beglückend erlebte Integration in die Natur.

Die naturhafte Bewegung überträgt sich auf das Gedicht selbst und bestimmt dessen Struktur. Motivanknüpfung und fließende syntaktische Übergänge erzeugen den Eindruck des Gleitens. Die dritte Strophe nimmt das Reisemotiv noch einmal auf, diesmal zwar im Präteritum, aber der Hinweis auf den Süden als Reiseziel stellt die zyklische Abfolge von warmen und kalten Jahreszeiten über die regionalen Verhältnisse hinaus in hemisphärische Zusammenhänge. Frühling und Sommer sterben nie, unaufhörlich wechseln sie von Norden nach Süden und wieder nach Norden, immer in Bewegung, in nie erlahmender zyklischer Dynamik. Ähnlich zur zyklischen Symbolik verallgemeinert, ist auch das wiederaufgenommene Motiv des Blätterfalls. Durch den adverbialen Zusatz „stets" erhält der Vorgang seinen Platz im wiederkehrenden Rhythmus des Jahres.

Der Binnenteil der dritten Strophe spiegelt den Naturprozeß im syntaktischen Fluß. Ein ausgeprägtes Enjambement läßt beide Zeilen nahtlos ineinander übergehen. Gleichzeitig unterstreicht solch integrative Behandlung von Syntax und Vers die empirische Blickführung des Gedichts. Aus der Totalen wechselnd in die Nahsicht, werden exakt die Stufen der Wahrnehmung sprachlich realisiert. Der Verfall des Laubs geht dem Sichtbarwerden der Nester notwendig voraus. Das eine bedingt das andere. Bis ins Detail prägt sich die neugewonnene Natursicht aus. Aus der Ferne wie in der Nähe, im Großen wie im Kleinen, im Panorama ebenso wie in mehr punktueller Wahrnehmung offenbart sich das immer und überall geltende Gesetz des Werdens.

Treten in den Binnenstrophen die substantivierten Verben zur Unterstreichung der Dialektik von Zuständlichkeit und Bewegung ganz zurück, so bilden sie in der Abschluß- wie in der Einleitungsstrophe ein hervorstechendes stilistisches

Mittel, das, korrespondierend mit der Reimstellung, rahmende Funktion erfüllt. Gleich vier substantivierte Verben tauchen auf, unter ihnen „Sterben“ als Wiederholung aus der ersten Strophe. Sterben betont in seiner grammatischen Form anders als Tod das Vorganghafte. In der Natur, in der alles im Fluß ist, gibt es nichts Endgültiges, selbst das individuelle Ende ist wie ein allmähliches Einmünden in den Strom des Seins.

Die einzelnen thematischen und strukturellen Bedeutungslinien des neunten Waldlieds laufen wie in einem Brennpunkt im letzten Wort des Gedichts „Tauschen“ zusammen, ebenfalls ein substantiviertes Verb. In der Natur gehen individuelle und kollektive Lebensformen bruchlos ineinander über. Der Lebensprozeß selbst ist ein Tauschen ohne Ende, ein Spiel der Natur, in dem alles Seiende unaufhörlich mitspielt um den Gewinn und den Erhalt des Seins.

Während in den vorausgehenden drei Strophen das Prinzip der Satzreihung dominiert, schlingt sich durch die vier Zeilen der Schlußstrophe ein einziges Satzgefüge, syntaktisches Abbild der vollzogenen Integration des Betrachters in den Naturprozeß. Noch einmal tritt das lyrische Subjekt selbst in Erscheinung, nach der ersten Strophe zum zweiten und letzten Mal. Auch hier liegt zweifellos eine erneute rahmenbildende Intention zugrunde. Anders als in der ersten Strophe taucht das Ich grammatisch als Objekt und Subjekt zugleich auf. Zunächst im Dativ genannt, begreift das Subjekt sich selbst als Objekt einer Zuwendung von außen, woher ihm Aufschluß über sich selbst und damit Sinn zukommt. Dem entspricht die Gestaltung des Gliedsatzes als Inhaltssatz, in dem die Kunde des Waldrauschens ihren Ausdruck findet, eine Kunde, die den Verstehenden zur Erkenntnis seiner Naturidentität führt.

Das Gedicht gestaltet in künstlerisch bemerkenswert konsequenter Weise die Integration des Ichs in den übergreifenden, kollektiven Naturzusammenhang und überwindet auf diesem Wege die restaurative Isolation des einzelnen. In dem Maße, wie er sich als Teil eines sinnvollen Ganzen begreift, löst sich sein Weltschmerz auf, der Schmerz darüber, daß die Welt ihn verschmäht.

Aber das Ganze ist nicht die Gesellschaft, nicht der Staat. Natur, in der der einzelne eine neue Heimat, einen tragfähigen Sinn findet, steht in Opposition zu den zivilisatorischen Kräften und Gebilden, die den Menschen unaufhörlich ins Abseits drängen. Lenaus „Waldlieder" formulieren nicht nur die Integration von Mensch und Natur, sondern implizieren zugleich den Widerspruch von Natur und restaurativer Zivilisation. Aufhebbar ist der Widerspruch nur evolutionistisch, indem der überlegene Naturprozeß letztlich notwendig auch die widernatürliche Erstarrung der Restaurationsgesellschaft auflöst. Die Natur drängt in unaufhaltsam immanenter Entwicklung auf die Aussöhnung der Kreatur mit seiner Geschichte. „Prophetisch rauscht der Wald: die Welt wird frei", hatte Lenau schon 1838 formuliert.

Es ist die im Empirischen begründete Hoffnung auf Rückführung des Subjekts aus seinen Alleingängen in den konkreten Lebensraum. Lenaus neuntes Waldlied, in dem, kompositorisch vorbereitet, der neue empirische Optimismus gipfelt, markiert exemplarisch den Wandel vom isolationistischen zum integrativen Menschenbild und muß daher als ein Pioniergedicht des lyrischen Realismus angesehen werden.

Theodor Storm:

Abseits

Es ist so still; die Heide liegt
Im warmen Mittagssonnenstrahle,
Ein rosenroter Schimmer fliegt
Um ihre alten Gräbermale;
Die Kräuter blühn; der Heideduft
Steigt in die blaue Sommerluft.

Laufkäfer hasten durchs Gesträuch
In ihren goldnen Panzerröckchen,
Die Bienen hängen Zweig um Zweig
Sich an der Edelheide Glöckchen,
Die Vögel schwirren aus dem Kraut –
Die Luft ist voller Lerchenlaut.

Ein halbverfallen niedrig Haus
Steht einsam hier und sonnbeschienen;
Der Kätner lehnt zur Tür hinaus,
Behaglich blinzelnd nach den Bienen;
Sein Junge auf dem Stein davor
Schnitzt Pfeifen sich aus Kälberrohr.

Kaum zittert durch die Mittagsruh
Ein Schlag der Dorfuhr, der entfernten;
Dem Alten fällt die Wimper zu,
Er träumt von seinen Honigernten.
– Kein Klang der aufgeregten Zeit
Drang noch in diese Einsamkeit.

(Aus: Theodor Storm: Sämtliche Werke Bd. 1. Hrsg. v. Peter Goldammer. 4. Aufl. Berlin u. Weimar 1978. S. 110.)

Das Gedicht entstand im Spätsommer 1847, als Storm über die nördlich von Husum gelegene Heide zur Stadt zurückwanderte. Der Erstdruck erfolgte in Biernatzkis „Volksbuch auf das Jahr 1848". Nach einem weiteren Druck in den „Sommergeschichten und Liedern" 1851 erschien es dann seit 1852 in den „Gedichten".

Auffälligstes Kennzeichen des Gedichts ist das völlige Zurücktreten des lyrischen Subjekts. Spürbar nur in der Blickführung, scheint es aufgegangen zu sein in der geschilderten Naturszene. Zur Einheit verschmolzen sind objektives Sein und subjektive Empfindung. Der einzelne erfährt, Welt in sich aufnehmend, seine naturhafte Verbundenheit, während Natur im Spiegel des Subjekts sich ihrer selbst bewußt wird. Das Ich löst sich in den übergreifenden Lebenszusammenhängen auf und wird, indem es diese artikuliert, selbst aussagbar.

Die Aussage ist fern von bloßen Einzelerfahrungen auf Allgemeingültiges gerichtet. Die individuelle Isolation weicht der alles Lebendige gleichermaßen umfassenden Integration. In der Stille erschließt sich das Leben im Zenit seiner Wärme und Reife, im Mittagssonnenstrahl, voll Erfüllung und Gewährung, versunken in Farbe und Duft. In der konkreten Idylle sind Sein und Sinn miteinander verbunden, ein Zustand naiver Einheit, in sich selbst ruhend. Zum Stillstand gekommen ist jegliche verbale Bewegung. Ausgesagt ist in den Prädikaten „ist still" und „liegt" ausschließlich Zuständliches. Das Lebensganze spiegelt sich im unbestimmten, noch nicht individuell differenzierenden „Es".

Bewegung bringt erst der um die Gräbermale fliegende rosenrote Schimmer in die Genre-Szene. Die realistische Idylle schließt Vergänglichkeit und Tod selbstverständlich mit ein. Vergehen und Sterben gehören untrennbar zu den bewegenden Lebensvorgängen, ohne sie ist ein Fortbestand organischen Seins nicht denkbar. Weit zurück weisen die „alten Gräbermale", in die prähistorische Zeit der Hünengräber. Aber gerade in der langen Zeitspanne zwischen dem längst Abgestorbenen und dem lebendig Seienden in der Gegenwart des Gedichts drückt sich die Unsterblichkeit der Lebensprozesse aus. Nicht schaurig und unheimlich begegnen die Gräber dem Betrachter, sondern umblüht vom Heidekraut, vom frischen Leben, Ausdruck der Dialektik von Blühen und Welken. Die synästhetische Verschmelzung des Sichtbaren mit dem Bewegenden im fliegenden rosenroten Schimmer ist Ausdruck des unaufhörlich neues Leben gebärenden Naturzyklus. Jeder Vorgang in der Natur ist ein Vorgang zu einem neuen Anfang. Aus der Erde, in die das Abgestorbene hineingesenkt worden ist, blüht es immer wieder neu herauf. Der Eindruck der um die Gräbermale kreisenden Bewegung betont die zyklische Erneuerung.

Darstellungsprinzip ist die symbolische Veranschaulichung der Lebensgesetzlichkeit. Die sinnliche Wahrnehmung enthüllt im bedeutungsvollen Ausschnitt den Sinn, ohne daß das Wahrgenommene, die sinnliche Erscheinung selbst verfremdet wird. Sinn ist stets an das Seiende, an das individuell Flüchtige gebunden und kann nur in ihm wahrgenommen werden. In bildhafter Vergegenwärtigung gestalten die ersten vier Verse die Symbiose von Erscheinung und Wesen, von aktualisierter Lebensgestalt und der in ihr wirkenden Lebenskraft. Eingebettet in das Lebensgesetz ist alles individuell Seiende. Nacheinander gewinnt die ganze organische Natur Gestalt.

In den blühenden Kräutern, im aufsteigenden Heideduft ist das Leben gegenwärtig. Alles Lebendige, Farbe, Bewegung und Duft in sich vereinend, steigt nach oben, entfaltet die in ihm liegenden Wachstumskräfte. Nach den Kräutern sind es, im Blickbereich etwas höher angesiedelt, die Käfer, die die vertikale Bewegung der Pflanzen durch die horizontale ergänzen. Eilend und golden schimmernd, verkörpern sie die Dynamik und Schönheit der verschwenderisch vitalen Natur. Über den Käfern in den Zweigen der Heide hängen die Bienen. Die Wendung „Zweig um Zweig" verweist erneut auf verschwenderische Fülle. Die Biene, die im Winter im Bienenstock verborgen ist und im Frühjahr wieder auftaucht, ist von alters her Symbol des wiedererstandenen Lebens. Den Höhepunkt erreicht die aufwärtsstrebende Bewegung in den aus dem Kraut aufschwirrenden Vögeln. So hoch steigen sie, daß weniger das Auge als das Ohr sie wahrzunehmen vermag. In allen Geschöpfen, in den Pflanzen wie in den Tieren, wirkt die Entfaltung des Lebens, die pulsierende, aufwärtsstrebende Kraft. Blickführung und Bewegungsstruktur des Gedichts sind bestimmt vom Naturgesetz wachsender Entfaltung.

Erst nach der allgemeinen Schilderung der Natur, die allem den Grund gibt, und nach der Darbietung der Pflanzen- und Tierwelt tritt der Mensch in Erscheinung, aber nicht als Krone der Schöpfung, sondern ganz und gar eingemeindet in sie wie das Heidekraut, die Käfer und die Lerchen. Seine ganze Haltung drückt Verbundenheit mit seiner natürlichen Lebensumwelt aus. Er lehnt hinaus, blinzelt nach den Bienen. Zuwendung und die sichere Zuversicht, daß durch das Schaffen der Bienen auch für ihn etwas heranreift, charakterisieren ihn. Der paradiesische Zustand scheint zurückgekehrt. Das Vertrauen auf die Fürsorge der Natur läßt alle mühevollen Anstrengungen und jede Arbeitshektik vergessen. In einer solchen Atmosphäre, noch nicht getrübt von Zweck und Leistung, kann das Spielerische gedeihen. Der Junge schnitzt sich Pfeifen aus Kälberrohr, und der Vater läßt ihn gewähren, ohne ihn in seinem schöpferischen Müßiggang zu stören. Genuß und Spiel erfüllen das Leben des Menschen, der sich eins weiß mit der Natur. Vater und Sohn fügen sich zu einem friedvollen Genrebild, zur Idylle eines tiefen Einverständnisses.

Damit ist der Kreis organischen Lebens durchlaufen. Das Kälberrohr oder der Kerbel knüpft wieder an die Kräuter der ersten Strophe an. Integriert in die Welt der Pflanzen sind Tier und Mensch. Wendet sich der Sohn der Pflanze zu, so der Vater den Tieren, so daß auch hier eine Wiederaufnahme vorausgehender Motive und deren sinnvolle Verknüpfung mit dem Menschen erfolgen. Dem aufsteigenden Heideduft und den aufschwirrenden Lerchen, die mit ihrem Gesang die Luft erfüllen, entspricht der sich im Genuß und im Spiel erhebende Mensch, der spielend und genießend den tiefsten Sinn seines Daseins erfährt und an dieser Erkenntnis wächst und reift.

Die abschließende Strophe nimmt das Motiv des Mittags aus der ersten wieder auf. Doch dem sich aufdrängenden Eindruck bloßer Abrundung wirkt bereits in der folgenden Zeile der Hinweis auf die Dorfuhr entgegen. Ein Kontrast zwischen der zyklischen und der linear fortschreitenden Uhrzeit entsteht, allerdings von vornherein abgemildert durch das vorangestellte „Kaum" und die betonte Ferne der Dorfuhr. Auch der Alte nimmt in der sicheren Erwartung der Jahr für Jahr wiederkehrenden „Honigernten" keine Notiz von der eingedrungenen Irritation.

Nicht die aufgeregte Zeit, die die Dorfuhr anzeigt, die fortschreitende Geschichtszeit also, bewegt die Menschen im idyllischen Frieden mit der Natur, sondern allein die zyklische Zeit der ewigen Wiederkehr, der Wandel im Rhythmus der Tages- und Jahreszeiten. Die linear fortschreitende Zeit verstrickt den Menschen in Hektik und geschichtlichen Aufruhr. Als das Gedicht entstand, grollten im Hintergrund bereits die Revolution von 1848 und die schleswig-holsteinische Erhebung. Es ist, als ob die entfernte Dorfuhr anzeigen wollte, was die Stunde politisch geschlagen hat.

– Kein Klang der aufgeregten Zeit
Drang noch in diese Einsamkeit.

Nur ein einziges Mal verwendet Storm das Präteritum, und auch dann nur, um das Vergängliche der Uhr- und Geschichtszeit zu bezeichnen. Noch nicht in die idyllische Einsamkeit eingedrungen, wird sie bereits als vergangen erlebt. Die Störungen, die sie unweigerlich bringen wird, werden schon bald wieder der Vergangenheit angehören. Die Uhrzeit produziert fortlaufend Vergangenheiten, alles, was in ihren Sog gerät, wird auf Nimmerwiedersehn mitgerissen. In der zyklischen Zeit indes, unter dem iterativ-durativen Aspekt, erscheinen Vergangenheit und Zukunft als ewige Gegenwart, als unsterbliche Wiederkehr des Lebens. Veränderungen, auch im politisch-gesellschaftlichen Leben, vermag nur die alle Naturabläufe bestimmende Evolution herbeizuführen. Sie wird Erstarrtes und Lebloses schließlich überwinden und einen neuen Frühling heraufblühen lassen. Im Augenblick des Gedichts triumphiert das idyllische über das geschichtliche Erleben.

Die Idylle schirmt sich ab gegen die Geschichtswelt, indem sie das Bewußtsein einer befriedeten, sinnvollen Wirklichkeit wachhält. In der Struktur der Strophe spiegelt sich die zur Ruhe gelangte Bewegung. Auf die kreuzgereimten ersten vier Zeilen folgt je ein Reimpaar, das die fortschreitende Reimverflechtung zum Abschluß bringt. Nicht zuletzt durch diesen strophischen Aufbau entsteht der Eindruck des Abgeschiedenen, das mit der Stille des Genrebilds korrespondiert. In dem abgeschlossenen Bereich, im Abseits gesellschaftlich-geschichtlicher Hektik, treten die fundamentalen Lebensvorgänge in einfachen, unverfälschten Sinnbildern entgegen.

Eingefügt sind die realen Sinnbilder, in denen sich Sein und Sinn ungezwungen verbinden, in eine konsequent parataktisch geformte Syntax. Schlicht gebaute Hauptsätze bei genauer Beachtung natürlicher Wortstellung reihen sich aneinander. Jeder Satz enthält eine klar umrissene Wahrnehmung. Nicht die Reflexion, sondern die sinnliche Empfindung bestimmt den syntaktischen Rhythmus. Der Eindruck der Einheit des einzeln Wahrgenommenen stellt sich wie von selbst ein. Fern von jeglicher gedanklichen Verknüpfung liegt die Einheit in der Verwurzelung aller angeschauten Phänomene im Naturzyklus. Zugleich betont auch die Parataxe das jeweils in sich Abgeschlossene, das künstlich geschaffener Verbindungen nicht bedarf, weil jede einzelne Erscheinung, sei es das Heidekraut, die Käfer, die Bienen, die Vögel und die Menschen, seinen Platz hat im Kosmos der festgefügten Naturordnung.

Das lyrische Subjekt als Teil dieses Kosmos und in ihn völlig integriert, weiß um die elementaren Vorgänge und das unerschütterliche Gesetz des Seins. Integration bedeutet Eingeweihtsein. Indem sich der empfindende einzelne als Glied in der Kette des Wachsens und Vergehens begreift, überwindet er seine Isolation, das Bewußtsein, nur auf sich selbst zurückgeworfen zu sein. Aus dem Augenblick, den noch Mörike und die Droste ängstlich festzuhalten versuchten, tritt das Subjekt bei Storm in der Gewißheit heraus, daß es mit allem, was lebt, unabhängig von momentaner Erfahrung, zutiefst verbunden ist. An die Stelle des augenblickhaften tritt das umfassend zyklische Erleben. Das Detail fügt sich wieder ins Ganze, in den Zusammenhang des Lebens.

Storm überwindet mit einem Gedicht wie dem vorliegenden sowohl die Isolation des restaurativen Subjekts als auch den bloßen Detailrealismus. Das Gedicht ist nicht länger Gestalt des subjektiv erfüllten Augenblicks, sondern Spiegel des objektiven Seins. Erst dem realistischen Lyriker gelingt die Synthese von Welt und Ich, indem er allen individuellen Sonderansprüchen entsagt. Die Lyrik des Realismus entdeckt die organisch-vegetativen Kräfte als die eigentliche Quelle des Lebens, zu der es keine wirkliche Alternative gibt. Mit dieser Entdeckung einher geht der Verzicht auf ästhetische Stilisierung, Unendlichkeitssehnsüchte und individuelle Selbsterfüllung. Der Mensch in der realistischen Lyrik bejaht als Glied des organischen Kosmos seine konkrete Erscheinungswelt, sein eigenes Wachsen und Vergehen. In seiner illusionslos unspekulativen Schönheit, seiner individuellen Bescheidung, seiner selbstverständlichen Sinnbildhaftigkeit und seiner unprätentiös empfindungswahren Sprache bildet das realistische Gedicht einen Höhepunkt in der Entwicklung deutscher Lyrik.

Eine breite Entdeckung der Lyrik des Realismus und insbesondere der Lyrik Storms steht jedoch weiterhin aus. Für Thomas Mann gehört „Abseits“ zu den Gedichten Storms, die es verdienen, „neben dem Höchsten und Reinsten seinen Platz zu nehmen, was Gefühl und Sprache hervorgebracht haben“. „Abseits“ ist für Thomas Mann eines jener Gedichte, das „vollkommenen Unsterblichkeitscharakter besitzt“.

Peter Hille:

Waldstimme

Wie deine grüngoldenen Augen funkeln,
Wald, du moosiger Träumer,
Wie so versonnen deine Gedanken dunkeln,
Saftstrotzender Tagesversäumer,
Einsiedel, schwer von Leben!

Über der Wipfel Hin- und Wiederschweben:
Wie's Atem holt
          und näher kommt
                    und braust,
Und weiter zieht
          und stille wird
                    und saust!
Über der Wipfel Hin- und Wiederschweben,
Hochoben steht ein ernster Ton,
Dem lauschten tausend Jahre schon
Und werden tausend Jahre lauschen.
Und immer dieses starke, donnerdunkle Rauschen.

(Aus: Peter Hille: Gesammelte Werke. Hrsg. v. seinen Freunden. Eingeleitet von Julius Hart. 3. Aufl. Berlin 1921. S. 104.)

Die Entstehungszeit des Gedichts ist unbekannt. Gedruckt wurde es erst nach Hilles Tod (1904) in den 1904/05 in Berlin und Leipzig erschienenen „Gesammelten Werken". Dort bildet es unter dem Titel „Waldesstimme" den Prolog zu dem dramatischen Weltspiel „Myrddhin und Vivyan".

Das Ansprechen des Waldes als tief vertrautes Du durch das staunend ergriffene, lyrische Subjekt rückt die Verse in die Nähe hymnischer Dichtung. In pathetisch gesteigerter Bewunderung erlebt der Mensch die Natur als höhere Macht, sich selbst ganz zurücknehmend, fasziniert allein von der Vitalität und Schönheit des überwältigend Elementaren. Auf die Wahrnehmung des von innen heraus Beseelten antwortet die uneingeschränkte Begeisterung des Dichters.

Die beherrschende emotionale Sprachgeste, der ekstatische Duktus verdeutlichen den Unterschied zum realistischen Naturgedicht. Die versonnen behagliche Schilderung weicht einer erregt pulsierenden Ausdruckskunst, die selbstverständliche konkrete Idylle dem hymnisch umwobenen Mythos. Als mythisches Wesen erscheint der Wald in der Tat. Personifiziert, zu einer ehrfurchtsgebietenden Vegetationsgottheit stilisiert, blickt er aus grüngolden funkelnden Augen, den schauernden Betrachter in seinem heiligen Bezirk bannend. Der Mensch ist hier nur gläubiger Verehrer, hingerissen von der grandiosen Erscheinung.

Sein tief verstehendes Ergriffensein bildet den äußersten Gegensatz zu jener Haltung, die Natur lediglich unter den rational einengenden Aspekten exakter wissenschaftlicher Beschreibung und wirtschaftlicher Verwertbarkeit ansieht. Das ekstatische Pathos ist die dichterische Antwort auf die rationalistisch und ökonomisch ernüchterte Phase der rapide anwachsenden Industrialisierung nach 1871. In dem Maße, wie der industrielle Fortschritt den Menschen von der Natur entfremdet, wächst die ästhetische Anstrengung des Dichters, die Natur in ihrem elementaren Sein wieder sichtbar zu machen, das verschüttete Lebensgesetz in lyrischer Objektivierung vor Augen zu stellen. Entfremdung auf der einen und Ekstase auf der anderen Seite steigern sich aneinander. Der vulgäre Materialismus der gründerzeitlichen Industriekultur ruft den beseelenden Mythos wach.

Der Wald, Träger elementaren Seins, bildet eine Sphäre unberührten, in sich ruhenden Lebens jenseits von Fortschritt und Arbeitshektik, eine Enklave der Kontemplation inmitten rastloser Aktivitäten. In den drei kurz aufeinanderfolgenden Anrufungen „Träumer", „Tagesversäumer" und „Einsiedel" gewinnt sein tiefstes Wesen Ausdruck. Nicht im geistlosen Maschinenzeitalter, in der Anonymität technischer Produktion liegt der Kern des Lebens, sondern in der stillen Abgeschiedenheit der sich träumerisch vollziehenden, von allen vordergründigen Zwecken freien vegetativen Prozesse, die ihren Sinn ganz in sich selbst haben. Keinem Kalkül, keinem Leistungssoll unterworfen, ist der Wald das Bewußtsein des sich zwischen Wirklichkeit und Traum fortspinnenden Lebens.

Eine große Ruhe geht von ihm aus. Zurückgedrängt ist jede Form linearer Bewegung. Dominant sind nominale, attributive und adverbiale Fügungen. „Funkeln" und „dunkeln" als verbale Anteile verweisen auf wiederkehrende Vorgänge und unterstützen eher den Eindruck des rhythmischen Gleichmaßes. Die einzelnen Anrufungen, Beschwörungsformeln eines tief Eingeweihten, sind die bloße Erscheinung durchdringende Wesenbestimmungen mythisch erlebten Seins.

Das Visuelle erscheint jeweils hinübergespielt in virtuell Geistiges, in etwas, das aus der Tiefe wirkt. Aus der Assoziationskette, Moos, Ruhestatt, Schlaf erwächst das dem Träumer beigefügte Attribut „moosig". In den dunkelnden Gedanken sind die tiefen Laubschatten des Sommerwalds erkennbar. Alles scheint durchdrungen von geheimnisvollem Leben. Die Metapher enthüllt den Sinn des Sichtbaren, indem sie das Sinnenhafte bedeutungsvoll vertieft und auf die unaufhörlich wirkenden, elementaren Prozesse verweist. Vertieftes Sinnverstehen meint Veranschaulichung der ursprünglichen Vitalkräfte.

Die einleitende Anrufungsstrophe hat vor allem mythisierende Bedeutung. Sie beschwört angesichts des verflachten Industriezeitalters in animistisch lebendigem Stil das Wesen hinter den Erscheinungen. Wie in einem magischen Ritual, dessen nur der Dichter kundig ist, tritt schließlich das Beschworene in Erscheinung. Durch den Reim mit der ersten Strophe verbunden, gestaltet die zweite das ewige Bewegungsgesetz der Natur selbst. Im „Hin- und Wiederschweben" offenbart sich der Zyklus allen Naturgeschehens. Die Aussparung des Prädikats und die Substantivierung des Verbs „schweben" akzentuieren den Abstand zur geschichtlichen Sukzession zugunsten des zyklischen Erlebens. Werden und Sein bilden eine unverbrüchliche Einheit. Alles Sein ist unaufhörliches Werden, und alles Werden mündet unablässig ins Sein. Genau diese Dialektik ist in der verbalen Nominalisierung eingefangen.

Ein drittes Mal wiederholt sich der pathetisch gesteigerte „wie"-Ausruf, Ausdruck staunenden Ergriffenseins. Doch nicht länger wird der Wald angeredet. Das, was ihn zutiefst bewegt, ist nun Gegenstand allgemeiner Schilderung. Waren in der Anrede Betrachter und Betrachtetes noch getrennt, so scheint jetzt das lyrische Subjekt in dem „Es" mitzuschwingen, eins mit dem elementar Bewegenden, gegenwärtig nur im schwebenden Hin und Wieder.

Es ist der immer wiederkehrende, alles belebende Rhythmus von Atemholen und Ausatmen, von Diastole und Systole, Kontraktion und Expansion, der die Natur, den Menschen, das ganze Universum bestimmt, die eine pulsierende Vitalität, die den Kreislauf des Lebens aufrechterhält. Im Wald tönt der Herzschlag des Alls. Gegen die Vorherrschaft des Mechanischen setzt das Gedicht das kollektiv gültige organische Daseinsgesetz. Seine fundamentale Bedeutung spiegelt sich in der ungewöhnlichen typographischen Darbietung. Die jeweils gegeneinander versetzten drei kurzen Zeilen unterstreichen wirkungsvoll den Bewegungsablauf.

Wie das Zyklische über das Lineare, so triumphiert das Organische über das Mechanische. An keiner Stelle des Gedichts gibt es einen Hinweis auf die Entstehungszeit, alle konkreten Anspielungen scheinen bewußt ausgeblendet, und doch leben die Verse aus der Opposition gegen die industriell verzweckte und entfremdete Geschichtsphase um die Jahrhundertwende. Sie erst ruft die ästhetische Anstrengung wach, fordert die Kunst gleichsam heraus, das Wesentliche, das verschüttete Gesetz in poetischer Gestalt wieder sichtbar zu machen. Kunst wird zum organischen Gegenentwurf zu einer mechanisch verflachten Zeit, zur ästhetisch anschaulichen Erkenntnis dessen, was wirklich ist und sein wird.

Sichtbarer Ausdruck der zyklischen Wiederkehr ist die wörtliche Wiederholung der Zeile: „Über der Wipfel Hin- und Wiederschweben". Das Daseinsgesetz, das, was allem den Grund gibt und die Richtung weist, gipfelt schließlich in dem Ton, in einem akustischen Signal, verinnerlicht zum nur noch auditiven Erlebnis, und doch hervorgegangen aus der Bewegung des Körperlichen und Sichtbaren. Visuelles und Auditives verhalten sich wie Erscheinung und Wesen zueinander. Im Klang der Waldstimme schwingt wesenhaft verdichtet die organische Vitalkraft selbst.

Die Beschwörung und die Erscheinung des Beschworenen führen zur Erkenntnis des tiefsten Kerns des Lebens, dessen, was die Erscheinungsformen prägt und ihnen von innen heraus Kraft gibt. Aus solcher Erkenntnis entspringt die Zuversicht, daß alles Gewachsene letztlich unzerstörbar ist. Die zyklische Zeit kennt im Grunde keine Vergangenheit, sondern nur die ewige Gegenwart. Tausend Jahre sind für sie wie ein Weltentag. In der Zahl Tausend schwingen uralte chiliastische Vorstellungen mit, der Menschheitstraum von einem irdischen Tausendjährigen Reich des Friedens und der Freude. Seine Ausbreitung scheint unabhängig vom Wirken der Menschen, allein in die Kräfte organischer Erneuerung gegeben.

Die Zeitenfolge in den abschließenden drei Zeilen verweist noch einmal auf die zyklische Grundüberzeugung. Vergangenheit und Zukunft münden immer wieder in Gegenwart. Was war und was sein wird, geht auf in dem, was ist. Tausend Jahre zerrinnen vor dem allgegenwärtigen „donnerdunklen Rauschen", dem allein das Zeitadverb „immer" zukommt. Hörbares und Sichtbares mischen sich in dem attributiven Kompositum ebenso wie in dem substantivierten Verb, das Werden und Sein in seiner besonderen grammatischen Form gleichermaßen umschließt. Die Wendung „donnerdunkles Rauschen" ist eine universelle Seinsformel. Die Zeit hat in diesen Bezirken alle Macht verloren. Nur lauschen können die Jahre auf das, was sich in unwandelbarer Gesetzmäßigkeit vollzieht. Ähnlich wie zu Anfang so ist auch in der Schlußzeile das Prädikat ausgespart, im Unterschied zu den unmittelbar vorausgehenden Zeilen. Stillzustehn scheint jede Bewegung, Anfang und Ende sind in eins geschlungen.

Der Endreim ist über seine klanglich organisierende Wirkung hinaus expressive Klanggeste. In ihm spiegeln sich die Identität von Sein und Subjekt und die Harmonie von Erscheinung und Wesen. Seine Setzung erfolgt nicht schematisch, sondern ist abhängig von der jeweiligen Intention. Vor allem strukturiert er die einzelnen Erkenntnisstufen. Während die bewundernde Anrufung des Waldes im liedhaft gefälligen Kreuzreim erfolgt, vollzieht sich die Darstellung zyklischer Wiederkehr durchaus sinnfällig im Rahmen umarmender Reimstellung. Die gewonnene Erkenntnis markieren zwei jeweils durch Reim verbundene Verspaare, in denen sich das Erkannte spruchartig verdichtet. Die Reimstruktur verläuft parallel zum Argumentationsverlauf. Die Zeilen „Einsiedel, schwer von Leben!" und „Hochoben steht ein ernster Ton" sind Verbindungsstücke, durch die jeweils fließende Übergänge zum nächsten Abschnitt geleistet werden, um den inneren Zusammenhang des Lebens im Kreislauf des Seins zu unterstreichen.

Auf diese Weise entsteht ein durchaus singuläres, unwiederholbares Klanggebilde, Abbild des Mannigfaltigen in der Einheit, des unnachahmlich Individuellen im kollektiv Organischen. Ablehnung des bloß Schematischen kennzeichnet insbesondere die metrische Organisation. Ohne ein bestimmtes Metrum einzuhalten, schwankend zwischen ein- und mehrsilbiger Senkungsfüllung und Versen mit und ohne Auftakt, bei oft überraschenden Synkopierungen, entfaltet sich trotz allem oder vielmehr gerade deswegen eine eigenwillige rhythmische Struktur. Die Einmaligkeit des Lebens, seine jeweils individuelle Gestalt offenbart sich im poetischen Unikat. Vor allem die originelle Handhabung von Reim und Rhythmus gestaltet die vitale Dialektik von individuell Seiendem und kollektivem Sein.

Hilles Gedicht ist ein Kunstwerk zwischen poetischem Realismus und Expressionismus. Realistisch ist das tiefe Vertrauen auf die Natur, auf den pulsierenden Zyklus, der sich im Auf und Ab, im Wachsen und Vergehen durch alles Leben schlingt. Hier berührt sich Hille zweifellos noch mit Storm. Auf den Expressionismus deuten vor allem die Sprachgebärde, der expressive Duktus der Darstellung voraus.

Der hymnisch-pathetische Ton, der mythische Animismus und die exklusive Metaphorik zusammen mit durchaus eigenwilligen Fügungen, insbesondere mit Komposita wie „Tagesversäumer" oder „donnerdunkel", lassen ein ungeheures poetisches Aufbäumen ahnen angesichts des grassierenden Materialismus, dem Lyriker wie Storm in dieser Radikalität noch nicht begegneten. Die entschiedene Opposition zur geistlosen Erstarrung der Zeit fordert den expressiven Gegenentwurf heraus, in dessen Kern der Wald als das tragende organische Sinnzeichen steht. Gegen Erstarrung und Materialismus setzt das lyrische Subjekt seine heilige Ekstase und den beseelenden Mythos.

Rainer Maria Rilke:

Archaïscher Torso Apollos

Wir kannten nicht sein unerhörtes Haupt,
darin die Augenäpfel reiften. Aber
sein Torso glüht noch wie ein Kandelaber,
in dem sein Schauen, nur zurückgeschraubt,

sich hält und glänzt. Sonst könnte nicht der Bug
der Brust dich blenden, und im leisen Drehen
der Lenden könnte nicht ein Lächeln gehen
zu jener Mitte, die die Zeugung trug.

Sonst stünde dieser Stein entstellt und kurz
unter der Schultern durchsichtigem Sturz
und flimmerte nicht so wie Raubtierfelle;

und bräche nicht aus allen seinen Rändern
aus wie ein Stern: denn da ist keine Stelle,
die dich nicht sieht. Du mußt dein Leben ändern.

(Aus: Rainer Maria Rilke: Gesammelte Gedichte. Frankfurt/M. 1962. S. 313.)

Das Gedicht, 1908 in Paris entstanden, leitet den zweiten Teil der „Neuen Gedichte“ ein. Wie dem 1906 entstandenen Gedicht „Früher Apollo“ am Anfang des ersten Teils liegt auch dem späteren Gedicht eine antike Plastik aus dem Louvre zugrunde. Gestaltet das erste Sonett den Kopf nach, so das zweite, hier näher zu betrachtende, den Rumpf. Beide Sonette erfüllen in der Zuwendung zum plastischen Gegenstand und in der sprachlich exakten Nachbildung des Modells im besonderen Maße den Typus des „Dinggedichts“, wie es nicht zuletzt durch den Bildhauer Auguste Rodin angeregt wurde, dem der zweite Teil der „Neuen Gedichte“ gewidmet ist.

Das erste Quartett stellt den Kunstgegenstand, den Torso des Apoll ohne Haupt, aus der Gesamtansicht vor, verbunden mit der These, daß das Schauen, die Tätigkeit der Augen, weiterhin im verbliebenen Rumpf gegenwärtig sei. Aus der These entwickelt sich im Verlauf der poetischen Argumentation die Beweisführung, die das zweite Quartett und das erste Terzett ausfüllt. Handelt es sich im zweiten Quartett um einen Beweis en detail, indem die einzelnen Partien der Brust und der Lenden ins Blickfeld gerückt werden, so lenkt das erste Terzett den Blick wieder aufs Ganze. Es entsteht im Sinn des hermeneutischen Zirkels eine fluktuierende Bewegung vom Ganzen auf das Teil und wieder zurück zum Ganzen, wobei jedoch auch die Rückwendung in die Totale keinen Ruhepunkt bedeutet.

Aus der Beweisführung entwickelt sich im zweiten Terzett die Folge für den Betrachter. Die erkennende Beschreibung des Kunstgegenstands wirkt auf den Beschreibenden zurück. Kunstbetrachtung erweist sich als lebendige, zweiseitige Kommunikation, die das Betrachtete zum Betrachter und den Betrachter selbst zum Betrachteten macht. Aktives Ergreifen und passives Ergriffensein bilden eine dialektische Bewegtheit, die in den aktivierenden Aufruf an den Betrachter gipfelt, das eigene Leben zu ändern. Verstehen gibt sich als vitaler, über den Anlaß weit hinausführender Prozeß zu erkennen, der Kunst und Leben dialektisch verbindet. Am Ende erscheint der Torso im verstehenden Nachvollzug vollendet, während der Verstehende selbst sich der eigenen nach Vollendung drängenden Torsohaftigkeit bewußt wird.

Dialektik, die Bewegung, die als geistige Wirklichkeit allem zugrunde liegt, erweist sich als das eigentliche Strukturprinzip. Sie bestimmt auch die spezifische Realisierung der Sonettform. Nur im Übergang von den Quartetten zu den Terzetten fallen Satz- und Versführung zusammen. Sonst bedingt die Verlegung der deutlichen syntaktischen Einschnitte ins Zeileninnere fließende Übergänge über die jeweiligen Zeilenenden hinaus. Das erste und das zweite Quartett sind miteinander verbunden durch einen einzigen Satz, in den das satzwertige Partizip „nur zurückgeschraubt" eingefügt ist. Über den Einschnitt zwischen den beiden Terzetten hinweg dehnt sich das mit „Sonst" eingeleitete Satzgefüge, das erst innerhalb der zweiten Zeile des zweiten Terzetts zu einem vorläufigen Ende gelangt. Der Eindruck starker Bewegtheit, hervorgerufen durch die kontrastierende Zeilen- und Satzführung, wird wesentlich unterstützt von den expandierenden Satzgefügen und Satzreihen. Quartette und Terzette sind insgesamt nur aus fünf Sätzen gebildet. Der letzte Satz ist ohne Unterordnungen und Anreihungen der kürzeste des ganzen Sonetts. Die Kürze unterstreicht vor allem seinen Aufforderungscharakter, der semantisch die syntaktische Begrenzung wieder aufhebt: „Du mußt dein Leben ändern." Auch der markante syntaktische Einschnitt zwischen den Quartetten und Terzetten ist nur scheinbar, da die Satzperioden im zweiten Quartett und im ersten Terzett parallel gebaut sind, jeweils eingeleitet durch das anaphorisch verwendete „Sonst", das jeweils eine negativ ausschließende Beweisführung einleitet, indem die unzulässige Verneinung der Folge zwingend auf den wirklichen Grund zurückweist, so daß der Eindruck einer starken gedanklichen Bewegtheit entsteht.

Die gilt ähnlich auch für das Verhältnis von Sonettstruktur

und Argumentationsführung. Während das traditionelle Sonett in der Regel in den Quartetten das Thema in These und Antithese vorstellt und in den Terzetten die Gegensätze zur Synthese auflöst, so daß sich ein Verhältnis von Spannung und Entspannung ergibt, verlegt Rilke dieses Verhältnis in der Form argumentativer Gestaltung von Behauptung und Beweis bereits in die Quartette und setzt es in den Terzetten fort.

Entscheidend ist aber vor allem, daß eine Synthese im Sinne einer Abrundung nicht zustande kommt, da der abschließende Appell als offener Schluß über die erreichte ästhetische Vollendung hinaus auf eine weitere ethische Entwicklung verweist. Damit ist sowohl der erwartete argumentative Einschnitt zwischen den Quartetten und den Terzetten überspielt als auch das gewohnte Einmünden in die abschließende Synthese umgangen. In der Auflösung der starren Sonettstruktur spiegelt sich die Grenzaufhebung zwischen dem Kunstgegenstand und dem Betrachter, zwischen Kunstform und menschlicher Formung, beide geprägt von der Opposition gegen Stillstand und Erstarrung. Vollendung kann es immer nur in der unendlichen Entwicklung geben.

Das Darbietungsverfahren selbst begreift das fehlende Haupt als die eigentliche Wirkursache für bestimmte Erscheinungsweisen des Torsos, so daß eine bewegte Beschreibung entsteht, eine fortlaufend rückschließende Rekonstruktion ex efficientibus, die die enge Beziehung von Ursache und Wirkung, die vollkommene Homogenität und Harmonie des Kunstgegenstands unterstreicht. Die Teile sind immer nur aus dem Ganzen zu verstehen, weil in jedem Teil das Ganze wirksam ist. Was aber auf die Ganzheit zurückweist und sie im Grunde ausmacht, sind nun weniger das Haupt und seine Teile, als ausschließlich die Augen. Als Träger des Lichts und Spiegel der Seele verlebendigen und beseelen sie alles, worauf ihr Glanz fällt. Das Auge ist das wahrhaft göttliche Organ, Symbol der Gottheit. Ist doch gerade Apoll immer wieder mit der Sonne und dem Licht in Verbindung gebracht worden. In seiner Statue scheint etwas von jener apollinischen Kraft gegenwärtig zu sein, die schafft und bildet, ohne jemals in der bloßen Form zu erstarren oder in rauschhaft dionysischem Drang alle Formen zu sprengen.

Glühen und Glänzen, Ausdruck beseelender Schöpferkraft, umspielen die Konturen, den Betrachter zur Selbstgestaltung herausfordernd. Das geformte Kunstwerk und der gebildete Mensch sind gleichermaßen lebendige Gestaltwerdungen schöpferischer Kräfte, die in der vollendeten Gestalt selbst stets anschaubar bleiben und hervortreten. In beiden wirksam ist die nie zum Erliegen kommende Dialektik von potentieller und aktualisierter Schöpfung.

Von solcher Auffassung geprägt ist die dichterische Sprache, deren hervorstechendstes Merkmal die Metapher ist, die Dinghaftes weitgehend als Bewegtes erscheinen läßt, Festes auflöst und Opakes transparent macht. Die Augen unterliegen über die vertraute Metapher des Apfels einem Reifeprozeß, der Torso glüht von innen, wie von unsichtbarem Licht erhellt, wobei das Schauen und das belebende Licht metaphorisch zur Einheit verschmelzen, die Brust wird über die Schiffsmetapher „Bug“ gleichsam in Bewegung gesetzt, und das Licht, das die Lenden umspielt, erscheint beseelt zu einem Lächeln in sichtbarem Fortschreiten auf die Zeugungsmitte als das eigentliche Ziel der Bewegung zu. Zugleich bildet diese Zeile auch die Mitte des Sonetts. Reifen am Anfang und Zeugen am Ende der Quartette, wechselseitig aufeinander bezogen, sind getragen vom befruchtenden und beseelenden Licht.

In den Terzetten setzt sich das metaphorische Sprechen unvermindert fort. „Sturz“ als Fachausdruck aus der Architektur erweckt zugleich den Eindruck einer starken von oben nach unten verlaufenden Bewegung. „Durchsichtig“, wieder mehr bezogen auf die architektonische Bedeutung, hebt die materielle Undurchdringlichkeit auf. Der animistische Vergleich mit Raubtierfellen verwandelt den Stein in ein Wesen von ursprünglicher Vitalität, in einen Beutegreifer auf dem Sprung.

Über den Stern-Vergleich erscheint der Torso eins geworden zu sein mit den Augen, den Augensternen, der Quelle, aus der das Ganze entspringt. Zwischen den reifenden Augäpfeln und den strahlenden Augensternen, den Himmelsaugen, spannt sich der metaphorische Prozeß. Ganz Auge geworden ist der Torso, jede Stelle blickt den Betrachter an. Bereits die Humanisten verwendeten ein einzelnes Auge als Bildzeichen für Gott, um seine Allgegenwärtigkeit und Allwissenheit zu unterstreichen. Der Lichtempfänger ist zur eigentlichen Lichtquelle geworden. Unmerklich ist an die Stelle des Präteritums „reifte“ das Präsens „sieht“, an die Stelle konjunktivischer die indikativische Aussageweise getreten.

Der Torso erscheint im dichterischen Prozeß vollendet, torsohaft ist nicht länger das Betrachtete, sondern der Betrachter. Jetzt erst klärt sich auch die einleitende Wendung „Wir kannten nicht sein unerhörtes Haupt“ mit dem irritierenden Gebrauch der Vergangenheit statt der erwarteten Gegenwart. Für denjenigen, der bereits verstanden hat, hat sich der Torso im rekonstruierenden Nachvollzug des fehlenden Haupts in der Tat vollendet. Die Einleitung ist also aus der Sicht des Wissens gesprochen, das der Betrachter, an den sich der Wissende wendet, noch nicht hat. Das lyrische Subjekt ist als Wissender der Vermittler zwischen dem Kunstbetrachter und dem Kunstwerk, in dessen Dienst es steht. Im pluralis modestiae nimmt es mit einer Geste der Bescheidenheit sein selbstherrliches Ich zurück und wendet sich in unmittelbarer Anrede an den, der, das Kunstwerk vor Augen, verstehen möchte.

Kunst als die geistige Durchdringung und Beseelung des Stoffs, als die wahrhaft göttliche Vollendung, ist immer zugleich Impuls und Herausforderung, niemals bloßes Schmuckelement und wohlfeile Unterhaltung. Der Mensch, der sie im Akt des Verstehens ergreift, wird von ihr ergriffen. Verstehen ist kein selbstgenügsamer Vorgang, sondern richtet sich als schöpferische Unruhe zurück auf den Verstehenden. Eindringen in die Kunst bedeutet fruchtbare Selbstbegegnung, macht im letzten die Forderung unabweisbar, aus dem eigenen Stückwerk ein über sich hinausweisendes Ganzes zu gestalten, das in all seinen Teilen mit dem Ganzen in lebendig organischer Verbindung steht. Das Gedicht, das den Kunstgegenstand vermittelt, wird dabei selbst zur künstlerischen Herausforderung, das seine Leser mit allen Stellen ansieht. Mit seinem Sonett „Archaïscher Torso Apollos“ stellt Rilke dem dekorativen Prunk und der entleerten monumentalen Scheinhaftigkeit des wilhelminischen Zeitalters den Unbedingtheitsanspruch sinnerfüllter und sinnerfüllender Kunst entgegen.

Else Lasker-Schüler:

Versöhnung

Es wird ein großer Stern in meinen Schoß fallen …
Wir wollen wachen die Nacht,

In den Sprachen beten,
Die wie Harfen eingeschnitten sind.

Wir wollen uns versöhnen die Nacht –
So viel Gott strömt über.

Kinder sind unsere Herzen,
Die möchten ruhen müdesüß.

Und unsere Lippen wollen sich küssen,
Was zagst du?

Grenzt nicht mein Herz an deins –
Immer färbt dein Blut meine Wangen rot.

Wir wollen uns versöhnen die Nacht,
Wenn wir uns herzen, sterben wir nicht.

Es wird ein großer Stern in meinen Schoß fallen.

(Aus: Else Lasker-Schüler: Dichtungen und Dokumente. Gedichte, Prosa, Schauspiele, Briefe. Zeugnis und Erinnerung. Ausgewählt und herausgegeben von Ernst Ginsberg. München 1951. S. 11.)

Das Gedicht leitet die „Hebräischen Balladen“ von 1913 ein. Drei Jahre zuvor war es unter dem Titel „Der Versöhnungstag“ in Herwarth Waldens „Sturm“ erschienen, im Jahr darauf in dem Band „Meine Wunder“. Der Titel spielt auf das jüdische Versöhnungsfest, den Jom Kippur, an. Doch weder feierliches Sündenbekenntnis noch eine ausgesprochene Gebetshaltung prägen die Verse. Von einem jüdischen Gedicht zu sprechen, wie es beispielsweise Heselhaus tut, trifft daher kaum den Kern der Aussage.

Und doch geht es um Versöhnung, um die Vereinigung zweier Pole, die, noch getrennt, aufs engste zusammengehören. Nur ist es nicht der sündige Mensch, der seine Sündenlast vor Gott trägt, um entsühnt zu werden, vielmehr sucht das Erhabene selbst die Vereinigung mit dem Menschlichen und heiligt es in der voraussetzungslosen Zuwendung. Das lyrische Ich, die liebende Frau, in das „Wir“ den Geliebten einschließend, spricht in der Gewißheit, daß in der unmittelbar bevorstehenden Zukunft, in der nächsten Nacht, ein großer Stern in ihren Schoß fallen wird.

Stern und Schoß, alliterierend miteinander verbunden, verweisen in ihrer erwarteten Durchdringung auf die Verschmelzung des Göttlichen mit dem weiblichen Eros. Unwiderstehlich angezogen von der vertrauenden Hingabe, versinkt das Himmlische im Irdischen, versöhnt sich Gott in erotischer Vereinigung mit dem Menschen. Die Heiligung des Eros bildet die Voraussetzung zur Aussöhnung der Geschlechter. Gestalt gewinnt die zutiefst erhoffte Versöhnung von Gott und Mensch, Mann und Frau. Sakrales und Profanes, Göttliches und Geschlechtliches gehen ineinander auf.

Das kühne Bild der Sprachen, die „wie Harfen eingeschnitten sind“, verweist vordergründig auf die hebräischen Schriftzeichen und spielt damit an auf den biblischen Liebesgesang des Hohenliedes, in einer tieferen Schicht jedoch symbolisiert es den erweckten weiblichen Schoß, den erst die Berührung mit dem Göttlichen und dem Männlichen zum Tönen bringt, ihm eine Sprache verleiht, die das Bewußtsein des anderen, des Gegensätzlichen, polar Getrennten aufhebt. Beten ist die innigste Zuwendung zu Gott, im Symbolzusammenhang des Gedichts zugleich aber auch die völlige Öffnung zum andern, zum geliebten Du, und die bedingungslose Hingabe an ihn.

Über die erotische Implikation hinaus verweist der Harfen-Vergleich auf Stil und Struktur der Verssprache, die deutliche Anklänge zeigt an die biblischen, einst zum Saitenspiel vorgetragenen Psalmen. Durch Anlehnung an die Psalmendichtung gelingen Else Lasker-Schüler eigene, originelle Formen der Zeilenkomposition, wie sie etwa auch in Hilles weitgehend aphoristischer Lyrik und in Trakls odischen Elegien Gestalt gewinnen.

Insbesondere handelt es sich um das Modell des hymnischen Preislieds, eine der hervorstechenden Psalmenvarianten. Sowohl syntaktisch als auch semantisch läßt sich das charakteristische rhetorische Prinzip des Parallelismus membrorum nachweisen. Syntaktisch gleichlaufend sind die zweite Zeile der ersten Strophe und die jeweils erste Zeile der zweiten und dritten Strophe, wobei die folgenden Glieder im Sinne einer steigernden Fortführung zu verstehen sind. Wachen und Beten gipfeln letztlich im Versöhnen. Hier klingen in der Tat die frommen Übungen am Jom Kippur-Fest einmal deutlich an. Die letzte Zeile dieser Sinneinheit „So viel Gott strömt über." schließt an die erste Zeile an, indem sie die erotische Metaphorik fortsetzt und die einleitende Aussage nunmehr eindeutig auf Göttliches fixiert.

Auf diese Weise entsteht eine syntaktisch-semantisch parallel strukturierte Argumentation. Setzt der erste Teil mit dem Hinweis auf die Sterne beim Göttlich-Erhabenen ein, so der zweite beim Menschlich-Irdischen: „Kinder sind unsere Herzen." In ebenfalls dreigliedriger semantisch-metaphorischer Stilisierung variieren die drei Strophen des zweiten Teils das Motiv der Geborgenheit in der liebenden Zuwendung. Der abschließende Teil wiederholt zunächst die Anfangszeile der dritten Strophe, verknüpft, parallel zur

Versöhnung des Endlichen mit dem Unendlichen, Liebe und Unsterblichkeit und mündet mit der Schlußzeile zurück in den Anfang. Damit ist die Bewegung, die vom Erhabenen ihren Ausgang nahm, über die Erhöhung des Irdischen wieder zu ihrem Ursprung zurückgeführt. Ziel und Ursprung sind identisch. Ihr Erfahrungsgrund ist die Liebe. Im Parallelismus membrorum, in der syntaktisch und semantisch gleichlaufenden Bewegung, spiegelt sich eindrucksvoll das Versöhnungsthema, die erhoffte Vereinigung von Gott und Mensch, Ich und Du.

Das Einmünden des Endes in den Anfang, die Identität von Ursprung und Ziel, ist sinnbildlicher Abdruck der Zeitlosigkeit der Liebe. Gott ist im erotischen Bild der in Liebe Überströmende, der seine Geschöpfe mit der unwiderstehlichen Sehnsucht nach Versöhnung in der Liebe befruchtet, in ihnen das Bedürfnis nach Ruhe und Geborgenheit übermächtig werden läßt. Nicht das erwachsene Bewußtsein, die zergliedernde Reflexion, führt zum Erleben des Liebesglücks, sondern das kindlich unmittelbare Glücksverlangen. Nicht der Kopf, sondern das Herz, nicht die trennende Analyse, sondern die „müdesüß" verdämmernde Auflösung des Einzelbewußtseins, das Verlangen nach Synthese mit dem Du macht empfänglich für die Liebe und fähig zu ihr. Einer nüchtern mechanischen Welt, die alles erklärt und verwertet, setzt das Gedicht den ursprünglich empfindenden Menschen und sein spontanes Liebeserleben entgegen, noch in der Sehnsucht verharrend, aber doch voll zukunftsgewisser Hoffnung.

Das lyrische Sprechen, das sich durchgehend an den anderen wendet, sich erst im Dialog erfüllt, wird zum Brückenschlag zwischen Gott und Mensch, Ich und Du. Lyrik als versöhnende Geste vermittelt zwischen dem Entferntesten und Getrenntesten. Im Recht allein ist das Verlangen der Lippen, des Blutes und des Herzens. Ihm gilt es, sich ganz zu überlassen, die Fragen und Zweifel, das zögernde Verharren zu überwinden, sich dem Du preiszugeben, eins zu werden mit ihm. Versöhnung in der Liebe heißt völlige Austauschbarkeit, die Auslöschung individuellen Seins. Nur wer dem Zug der Sinne folgt, mitströmt im Strom des Blutes, wird erlöst von quälender Isolation.

Ganz eingebettet scheint der Mensch in elementar ursprüngliche Prozesse, in eine schöpferisch vereinigende Bewegung, die den einzelnen, indem er in diese Bewegung vorbehaltlos einschwingt, in der Vereinigung mit dem Du zur höchsten Entfaltung seines Menschseins führt. Else Lasker-Schüler berührt sich in solcher Haltung mit der Lebensphilosophie der Zeit, mit der Wendung gegen alles anorganisch Starre und der Hinwendung zum intuitiven Erlebnis der Lebensganzheit, die sich dem bloßen Denken verschließt.

Der einzelne überlebt allein in der Versöhnung, in der Vereinigung mit dem Du, wenn er einmündet in den göttlichen Strom der Liebe, der den Kosmos durchflutet. Aber nur der wache Mensch, dessen Sinne zur höchsten Sensibilität gesteigert sind, vermag diesen Strom zu fühlen. In der Nacht, sobald die scharf trennenden Konturen des Tages verdämmert sind, wächst die Chance, Grenzen zu überschreiten, Getrenntes zu vereinen. Die Verschmelzung von Ich und Du in der Liebe hebt zusammen mit allem Trennenden selbst den Tod auf. Liebend und geliebt, erfährt der Mensch die unauflösliche Einheit, die eigentlich göttliche Substanz des Kosmos. Teilhabend an ihr, vermag ihm der Tod nichts mehr anzuhaben. Eros und Thanatos schließen sich aus. Wer liebt, stirbt nicht, die Lieblosen aber sind schon auf Erden tot. Versöhnung heißt im tiefsten Sinn Versöhnung mit dem Leben, die Überwindung von Einsamkeit und Isolation und zugleich die Abwehr der Todesangst. Einsamkeit bedeutet Tod, Vereinigung mit dem Du aber Leben.

Eingegangen sind in solche Empfindungen die schmerzlichen Erfahrungen der Juden und der Minderheiten überhaupt, die Erfahrungen des Fremdseins und Ausgestoßenwerdens. Versöhnung heißt das Zauberwort jeder befriedeten, wahrhaft menschlichen Gesellschaft. Sie ist der Brükkenschlag vom Ich zum Du, von der Frau zum Mann, von dem Fremden zum Freund. Weit über das Gesellschaftliche hinaus ist Versöhnung aber auch die Teilhabe des Menschlichen am Göttlichen, eine Teilhabe, die die Versöhnung im Sozialen erst möglich macht. Nur der Mensch, der sich der Göttlichkeit seines Seins bewußt wird, in dem der Stern auf fruchtbaren Boden gefallen ist, wird das unwiderstehliche Verlangen fühlen, über alle Grenzen hinweg zu lieben. Nur er wird, indem er den Stern in sich neu aufgehen läßt, alles Enge, Begrenzte und Trennende hinter sich lassen.

Ausgang und Ziel der Liebe auf Erden aber ist die Frau. Sie ist die Sprecherin des Gedichts, die Verkünderin des Versöhnungs-Evangeliums, in ihren Schoß wird ein großer Stern fallen. Nicht länger ist sie die schwache, verführte Eva, die ihrerseits den Mann zur Sünde verführt. In völliger Umdeutung des biblischen Mythos ist sie die Trägerin und Spenderin geheiligter Liebe, mehr Mutter- und Liebesgottheit als verteufelte Verführerin, mehr Ischtar als Eva. Ihre erotische Faszination, ihr leidenschaftliches Liebesverlangen führt nicht zum Abfall von Gott und in die Erlösungsbedürftigkeit, sondern ist göttliches Vermächtnis, das die Teilhabe am Göttlichen ermöglicht und den Menschen wahrhaft erlöst. Die Worte der Schlange: „Ihr werdet mitnichten des Todes sterben, ... und werdet sein wie Gott ...“ sind keine Lüge, sondern tiefste Wahrheit. Sie verheißen die Einswerdung des liebenden Menschen mit Gott, der selbst die Liebe ist.

Else Lasker-Schülers kühne Kontrafaktur der biblischen Geschichte vom Sündenfall gibt der Frau wieder die Bedeutung zurück, die sie in den alten Mythen von den Muttergottheiten gehabt hat und spricht sie damit frei von aller Sünde und Verfallenheit an den teuflischen Verführer. Nur männliche Machtanmaßung konnte das Weibliche denunzieren und eine Welt der Entzweiung und der Verteufelung des Fleisches ins Leben rufen.

Erst der weibliche Eros und die Erkenntnis seiner göttlichen Auserwähltheit sind imstande, alle Entzweiung und

Verteufelung aufzuheben zusammen mit dem niederdrükkenden Sündenbewußtsein. Der alte akkadische Atrachasis-Mythos erzählt, daß der Mensch erschaffen worden sei aus Lehm und aus dem Fleisch und dem Blut einer getöteten Gottheit. Die Gottheit muß sterben, um im Menschen wieder aufzuerstehen, die Sterne fallen, um aufzugehen am Himmel einer versöhnten Menschheit. Aber dieser Endzustand ist im Gedicht nicht Gegenwart, sondern herbeigesehnte Zukunft, die Sehnsucht einer Frau, in deren Schoß der Stern der Verheißung gefallen ist, die mit ihrer göttlichen Liebeskraft die Welt erlösen könnte von Entzweiung und Unfrieden.

Viele Jahre später, in dem 1932 erschienenen Prosaband „Konzert", stellt Else Lasker-Schüler, ernüchtert von der gesellschaftlichen und geschichtlichen Entwicklung die Fragen: „Wer vermag noch zu lieben mit der Liebe, wie sie vom Himmel fällt? Und wer kann noch Freund dem Freund sein?"

Georg Trakl:

Klage

Schlaf und Tod, die düstern Adler
Umrauschen nachtlang dieses Haupt:
Des Menschen goldnes Bildnis
Verschlänge die eisige Woge
Der Ewigkeit. An schaurigen Riffen
Zerschellt der purpurne Leib.
Und es klagt die dunkle Stimme
Über dem Meer.
Schwester stürmischer Schwermut
Sieh ein ängstlicher Kahn versinkt
Unter Sternen,
Dem schweigenden Antlitz der Nacht.

(Aus: Georg Trakl: Die Dichtungen. Salzburg 1938. S. 196.)

„Klage“ gehört zusammen mit „Im Osten“ und „Grodek“ zu den letzten Gedichten Trakls. Am 26. Oktober 1914, eine Woche vor seinem Tod, las er seinem Freund Ludwig von Ficker, dem Herausgeber des „Brenner“, die Gedichte „Klage“ und „Grodek“ im Garnisonspital in Krakau vor, wohin man den Dichter nach den zerrüttenden Kriegserlebnissen in Galizien zur Überprüfung seines Geisteszustands gebracht hatte.

Es scheint in der Tat so, als ob die Erlebnisse und Erfahrungen im galizischen Grodek Trakls ohnehin elegisch gestimmte Dichtung noch einmal radikalisiert und in die schwärzeste Verzweiflung hineingetrieben hätten. Unmittelbar nach der Grodeker Schlacht war der Medikamentenakzessist Trakl beauftragt worden, neunzig Schwerverwundete in einer Scheune zu betreuen. Unmittelbar sieht er sich dem Leiden und dem qualvollen Sterben ausgesetzt. In seiner Gegenwart erschießt sich einer der Verwundeten. An den Bäumen vor der Scheune hängen hingerichtete Deserteure. Als sich Trakl in äußerster Depression ebenfalls das Leben nehmen will, wird er daran gehindert. Von diesem letzten Schock hat sich Trakl nicht mehr erholt. Sein Tod in der Nacht vom 3. auf den 4. November 1914 im Spital in Krakau nach einer Überdosis Rauschgift scheint nach den furchtbaren Erfahrungen selbstgewollt.

Das Gedicht „Klage“ ist eine der großen Elegien der deutschen Literatur, Summe und Höhepunkt eines beispielhaften dichterischen Leidens an der Welt, zugleich aber auch Anklage des mörderischen Kriegswahnsinns. Trauerte der klassische elegische Dichter noch allgemein über den letztlichen Verfall des Lebens, so beklagt sein moderner Nachfolger angesichts furchtbarer Kriege den Tod, den der Mensch seinem Mitmenschen antut. Das Thema der klassischen Elegie ist das Sterben als unausweichliches Naturgesetz, dem auch das Schöne unterworfen ist, das Sterben in der modernen Elegie ist oft die Folge vermeidbarer Gewalt, nicht immer offen artikuliert und doch im Hintergrund unübersehbar

bar wirksam. Das Gesetz, das unerbittlich erfüllt werden muß, ruft die Klage hervor, die Gewalt aber, die erlitten wird, läßt die Klage in die Anklage einer Welt, die unaufhörlich Gewalt ausübt, umschlagen.

Sind es im unmittelbar vorausgehenden Gedicht „Im Osten" noch die „sterbenden Soldaten" und in „Grodek" die „sterbenden Krieger", so leidet in dem „Klage"-Gedicht der untergehende einzelne, der gleichsam stellvertretend das Leiden seiner ganzen Generation auf sich nimmt. Die Konzentration auf das exemplarische Ich hebt die Anonymität des Leidens auf und macht es individuell miterlebbar. Unter den drei letzten Gedichten ist „Klage" das künstlerisch geschlossenste Werk, Versuch einer geistig-ästhetischen Selbstbehauptung angesichts des Chaos der Welt und in der Gewißheit des unausweichlichen persönlichen Untergangs. Der tödlich Leidende gestaltet sein Sterben als Vermächtnis eines Geistes, dessen Leben in schönen Bildern und kostbaren Worten zerbricht.

„Schlaf und Tod", mythologische Anspielung auf das Brüderpaar Hypnos und Thanatos, die die Verstorbenen in den Tartaros überführten, umreißen in knapper nominaler Setzung das Kernthema. Die eigenwillige Apposition „die düstern Adler", aus der sich dann zwingend das Prädikat „umrauschen" entwickelt, spielen die Aussage bereits von der Bedeutungs- auf die Bildebene hinüber. Die Verwandlung der Bedeutung ins Bild und die Vergeistigung des gegenständlichen Bildes zum transparenten Sinnzeichen verweisen auf ein im Grunde symbolistisches Verfahren, auf die sinnstiftende Durchdringung der vordergründigen Erscheinung.

Erschließt sich dem Symbolisten indes in exquisiten Symbolen und Symbolkompositionen die Schönheit der Welt jenseits unansehnlicher Wirklichkeit, so begegnet bei Trakl auf dem Grund aller Erscheinungen der Tod. Bereits die Reihenfolge „Schlaf und Tod" verweist auf eine Pejoration der euphemistischen Todesschlaf-Metapher. Ähnlich wird die symbolische Bedeutung des Adlers als Sinnträger der Sonne und der aufsteigenden Kraft durch die gewaltsam beschworene Analogie mit Schlaf und Tod und durch das Attribut „düster“ in ihren Gegensinn verkehrt.

Die symbolistische Wirklichkeitsinterpretation verwandelt die Welt nicht länger in ein ästhetisches Zauberreich, sondern in eine düstere Todeslandschaft. Die Vision des überwirklich Schönen weicht dem expressionistischen Leidenspathos, das von den Symbolisten beschworene reine Sein enthüllt sich als ein Sein zum Tode. Noch scheint es nur ein Schreckenstraum von Auslöschung und Sterben zu sein, entsprungen aus dem von düsteren Vorstellungen heimgesuchten Bewußtsein. Dem Doppelpunkt hinter „Haupt“, dem letzten Wort in der zweiten Zeile, folgt eine Aussage im Konjunktiv zur Kennzeichnung des Irrealen, Traumhaft-Visionären. Es ist die Vision des endgültigen Untergangs des Menschenbilds, nicht nur des konkreten Menschen, sondern radikaler und umfassender der humanen Idee, des goldenen, reinen Ideals. Der Dichter ist der Seher, sein Haupt ist herausgehoben aus allem Zufälligen und Täuschenden mit dem Blick in eine grauenvolle Zukunft.

Schon der folgende Satz „An schaurigen Riffen/ Zerschellt der purpurne Leib.“ wechselt in den Indikativ, läßt die Vision zur furchtbaren katastrophalen Wahrheit werden. Chiastisch angeordnet, entsprechen sich die visionären und scheinbar realen Vorstellungen. Dabei korrespondieren die „eisige Woge“ mit den „schaurigen Riffen“, der „purpurne Leib“ mit des „Menschen goldnes Bildnis“. Vision und fiktive Wirklichkeit erscheinen unheilvoll miteinander verzahnt. Identisch ist in den Motiven der Woge und des Riffs der symbolische Bildbereich des Meers, dem sich auch die Adler widerspruchslos zuordnen lassen.

Insbesondere durch attributive Fügungen – durch Adjektiv-, Genitivattribute sowie durch Appositionen – werden die Erscheinungen durchsichtig für das Wesentliche, verwandeln sich die Phänomene in Symbole, die sinnliche Welt in die Anschauung des Grauens. In der „eisigen Woge der Ewigkeit" ebenso wie in den „schaurigen Riffen" ist die alles vernichtende Kraft des Todes gegenwärtig. Ihm, nicht dem Leben, kommt Ewigkeit zu. Ausgelöscht wird das Eidos, das reine Urbild des Menschen. Die ihm zugeordneten Farbsymbole „golden" und „purpurn" verweisen beide gleichermaßen auf Kostbares, nur mit dem Unterschied, daß im zweiten, bezogen auf die christliche Passion, bereits die Bedeutung des Leidens mitschwingt. Auch hier im Absinken der farblichen Stimmungswerte zeichnet sich die allgemein negativ abwärtsführende Symbolisierungstendenz ab.

Die Zeilen „Und es klagt die dunkle Stimme/ Über dem Meer." leitet den zweiten, nun ganz auf das stellvertretende individuelle Leiden ausgerichteten Teil der Elegie ein. Das Subjekt wird erfaßt von jenem Untergangsprozeß, den es vorher selbst beschworen hatte. Die Prophezeiung erfüllt sich an ihrem Propheten und macht ihn zum Zeugen der furchtbaren Wahrheit. Ihm vorausgegangen ist die „Schwester stürmischer Schwermut", deren Stimme im Wind zu ihm dringt. Anknüpfend an das alte Sagenmotiv von den Toten im Wind, verbleibt das Gedicht im symbolischen Bildbereich des Meers, das hier zum erstenmal wörtlich genannt wird. Im Sturm und Wind klingen die Stimmen der Toten, ihre Klagen und ihre Schwermut angesichts ihres unaufhebbaren Abgestorbenseins. Die Anspielung auf die heidnischen Vorstellungen von der Wilden Jagd hebt die Hoffnungslosigkeit hervor, die Gewißheit des ewigen Abschieds vom Leben, dem offenbar auch ein Wiederauferstehn versagt ist.

In der Gestalt der Schwester erscheint Trakls geliebte Schwester Margarete, die im Sommer 1914 im Kindbett verstorben war. Als Schatten und wesenlose Stimme – individuelle Vertreterin der vielen Toten im Wind – geistert sie durch die Verse, den Dahintreibenden an Verfall und Sterben mahnend und ihn in jenes Reich hinüberrufend, aus dem es keine Wiederkehr gibt. In der Stimme der Schwester klingt der

Tod selbst, die Klage über den Verfall des Lebens. Der individuelle Mensch, der einmal war, ist nur noch Zeichen und Zeuge des kollektiven Untergangs, symbolisch gegenwärtig im Wind der Toten, der den Lebenden kalt ins Gesicht bläst und ihr Lebensschiff früher oder später zum Kentern bringen wird.

Am Ende des Gedichts taucht das alte Bild von der Fahrt mit dem Schiff über das Meer als Symbol des menschlichen Lebens mit all seinen Gefährdungen auf. Eigentlicher symbolischer Strukturkern der gesamten Elegie, verweist das Bild auf die Verlorenheit des einzelnen im Unendlichen. Wachgerufen werden die symbolischen Vorstellungen des ersten Teils: die eisige Woge und die schaurigen Riffe, nun in ihrer bedrängenden Gegenwärtigkeit für den konkreten einzelnen. Umweht vom Totenwind, entsprechend dem Rauschen der düstern Adler, sinkt „ein ängstlicher Kahn". Erneut verweist dabei das Attribut auf die gewaltsame Umwandlung der Erscheinungswelt, auf deren Grund immer wieder nur Untergang und Tod begegnen. Der unbestimmte Artikel unterstreicht das exemplarische Schicksal.

Die Anrede der verstorbenen Schwester, die ja nicht mehr helfen kann, offenbart die grauenvolle Verlorenheit des Ohnmächtigen in grenzenloser Isolation und der unaufhebbaren Ferne von allen rettenden Ufern. Die in symbolischer Bildhaftigkeit beschworene Situation des hoffnungslos Scheiternden ist die tragische Pointe des Gedichts. In ihr spitzt sich die einleitende Untergangsvision zur selbsterfüllenden Prophetie zu. Das lyrische Subjekt wird zum Opfer des apokalyptisch geschauten Grauens. Die anfangs negativ entwertete Symbolik der Adler, sonst Sinnträger des Lichts und des Aufsteigens, wiederholt sich im Versinken des Kahns in der Dunkelheit des Meers. Kein erlösender Gott erscheint dem Versinkenden. Unbeteiligt leuchten die Sterne über seinem Untergang; das Antlitz der Nacht, gebildet von den Sternen, den Himmelsaugen, hüllt sich in Schweigen.

Der Stern als uraltes Heilszeichen und Orientierungspunkt in der Nacht versagt. Aus der Sicht des Scheiternden, der den Blick nach oben richtet, vielleicht in letzter Hoffnung, erscheint auch der Stern in seinem Schweigen und seiner Teilnahmslosigkeit erfaßt von jener negativen Symbolik, die das ganze Gedicht beherrscht. Die Not und das Leiden des Menschen, aufs äußerste radikalisiert, entzaubern den Glauben an die Sterne, an jenseitige Hilfe und an das verheißene Heil. In einer entgötterten Welt sieht sich der Mensch allein, allein mit seinem Leiden und seinem Tod. Kälte und Schweigen umgeben den deus absconditus.

Im schmerzlichen Bewußtsein des endgültigen Zerbrechens humaner Ordnungen durch den mörderischen Wahnsinn des Kriegs dominiert in einem der letzten, konsequentesten Gedichte Trakls die negative Symbolik in einer geschlossenen, um einen einzigen Bildbereich zentrierten Symbolkomposition. Nicht die Schönheit der Symbolisten ist länger das eigentlich Wesenhafte, sondern der allgegenwärtige Tod. Das expressionistische Leidenspathos als Antwort auf eine zerbrechende Geschichtswelt verdüstert die ästhetische Wesensschau und läßt in der düsteren Schönheit der Untergangsbilder dennoch etwas ahnen von jenem künstlerischen Geist, der die bloße Erscheinung zu überwinden trachtet.

In Trakls hochpoetischer Sprache überlebt der Wille des Gestalters angesichts einer gestaltlos gewordenen Welt. Die Spannung aber zwischen der allgemeinen Auflösung – Kern der gehaltlichen Aussage – und ihrer stilistisch-strukturellen Komposition verhindert im letzten den Eindruck einer unausweichlichen, alles umfassenden Katastrophe und läßt die Hoffnung nicht verstummen auf die konstruktiv gestaltenden Kräfte des Menschen, die zwar nicht dem Leiden und dem Tod als existentiellem Schicksal, aber der Not und dem gewaltsamen Sterben, die der Mensch am Mitmenschen verschuldet, Einhalt bieten können.

Gottfried Benn:

Valse d'automne

Das Rot in den Bäumen
und die Gärten am Ziel –
Farben, die träumen,
doch sie sagen so viel.

In allen, in allen
das Larvengesicht:
„befreit – zum Zerfallen,
Erfüllung – nicht.“

An Weihern, auf Matten
das seltsame Rot
und dahinter die Schatten
von Fähre und Boot,

die Ufer beschlagen
vom ewigen Meer
und es kreuzen sich Sagen
und Völker her,

das Locken der Frühe,
der späte Sang
und der große
einsame
Untergang.

Der Farben so viele,
die Kelche weit,
und das Ziel der Ziele:
Verlorenheit.

In allen, in allen
den Gärten am Ziel,
befreit zum Zerfallen,
der Farben so viel.

(Aus: Gottfried Benn: Gesammelte Werke Bd. 2. Hrsg. v. Dieter Wellershoff. München 1975. S. 450 f.)

Auf dem Typoskript des Gedichts, das Benn am 8. Oktober 1940 an den Bremer Importkaufmann Dr. F. W. Oelze sandte, steht der Vermerk „G. B. 1940.9“. Entstanden sein also dürfte das Gedicht im September des genannten Jahres. Die erste Veröffentlichung erfolgte erst zwei Jahre nach Benns Tod im „Merkur“ XII,3 (1958). Eingang gefunden haben die Verse in die ebenfalls 1958 erschienene Sammlung „Primäre Tage“, die nachgelassene Gedichte und Fragmente enthält.

Wie so viele Gedichte Benns so besticht auch dieses durch ein unverwechselbares rhythmisches Schwingen, durch eine eigengesetzlich vibrierende Bewegung, die sich dem Leser noch vor allem Sinnverstehen mitteilt. Der musikalische Verweis im Titel weckt bestimmte rhythmisch-klangliche Erwartungen. In der Tat dominieren, im Anklang an den Walzer, die daktylischen Dreivierteltakte, behaupten sich gegen den trochäischen Tonfall und setzen Akzente. „Einsame“ und „Untergang“ füllen als einzige Wörter im daktylischen Takt nach der Zeilenbrechung die beiden abschließenden Zeilen der fünften Strophe. In der unmittelbar folgenden Strophe stellt sich bei dem zeilenfüllenden Wort „Verlorenheit“ nach dem Auftakt gleichfalls wieder der Dreivierteltakt ein. In beiden Fällen akzentuiert der Rhythmus die semantische Aussage des Vergehens und Verlorenseins und entfaltet so den Gesamttitel „Valse d'automne“ auf klanglicher Ebene.

Untergang und Verlorenheit im Walzertakt, das allmähliche Vergehen im rhythmischen Wohllaut, scheinen, hinübergespielt in musikalisch-ästhetisches Erleben, ihren Schrecken zu verlieren. Der herbstliche Verfall, oft beschworen in elegischen, todtraurigen Gedichten, ist hier Anlaß zu besonderem Beschwingtsein. Es ist die Zeit der endgültigen Auflösung dessen, was sich ohnehin dem Ende zuneigt, dargeboten in den betörenden Klängen der Versmusik und der reinen Reimharmonien. Im Herbstwalzer vereinigen sich die Dinge noch einmal zum Tanz über dem Grab zwischen unabweisbarem Ernst und ästhetischem Spiel. Die kurzen Verszeilen mit ihren wiegenden Daktylen und den schnell aufeinander folgenden Reimen bannen die Dinge für die Dauer des Tanzes im selbstgenügsamen Kreis der Kunst. Worte und Motive aus den beiden einleitenden Strophen wiederholen sich, leicht variiert, in den beiden abschließenden und verstärken den Eindruck des Tänzelnden und Kreiselnden und zugleich des Eingebettetseins in eine spielerische Kunstsphäre. Eingeschlossen zwischen den jeweils zwei Einleitungs- und Schlußstrophen, sind drei Binnenstrophen, fortlaufend syntaktisch miteinander verbunden, in jedem Fall nur durch Kommata getrennt.

Die sinnlichen Sensationen und Bilder des Gedichts, exquisit ausgewählt, fügen sich zu ästhetisch fein aufeinander abgestimmten Kompositionen. Das Rot in den Bäumen spricht eine ambivalente Sprache. Farbliches Sinnbild des Lebens und der Liebe erscheint das Rot des Herbstlaubs eng verbunden mit Verfall und Untergang. Der Farbträger und die Jahreszeit widerlegen den Lebensoptimismus, desillusionieren die Träume. Das effektvoll gesetzte adversative „doch“ macht aufmerksam auf den Sinn hinter der bloßen Farberscheinung, auf das Wesentliche des signalisierten Verfalls. Leben ist immer ein Leben zum Tode, erst die im Herbstrot glühenden Gärten sind am Ziel. Ziel ist in Durchkreuzung gängiger Erwartung nicht länger Höhepunkt einer Entwicklung, der Gipfel der Reife und Vollendung, sondern die endgültige Auflösung. Unmißverständlich verneint die Schlußzeile der zweiten Strophe jede Erfüllungserwartung. Noch einmal bäumt sich die alte Vorstellung auf, um dann nach einer erwartungsvollen Pause, jeden Widerspruch ausschließend, entwertet zu werden. Die lyrische Argumentation enthüllt das Larvengesicht des Lebens. Die Jugendform des Werdens verbirgt als Maske nur den unausweichlich vorherbestimmten Untergang. Schon am Anfang ist das Ende vorgezeichnet. Ziel der Freiheit ist der Verfall, wobei die Notwendigkeit die Freiheit wieder aufzuheben scheint.

So unumstößlich und unbezweifelbar die Aussage des Gedichts auch ist, daß alles nur ins Leben tritt, um wieder zugrunde zu gehen, so unabweisbar, sich dem Leser aufdrängend, ist wie im rhythmischen auch im semantischen Bereich die Darbietung des Verfalls in einer irritierend ästhetischen Einkleidung. Die wohltönenden Rhythmen, die satten Farben und die schönen Bilder des Gedichts zeigen unverkennbar eine künstlerisch formende Hand am Werk, die gegen das drohend Gestaltlose das gestaltete Gedicht setzt. Die in Herbstfarben glühenden Gärten sind Gleichnis einer Ästhetik individueller Selbstbehauptung, die noch das unweigerlich Untergehende in schönen Farben aufleuchten läßt und im dichterischen Wort den Garten Eden zurückgewinnt. Der Garten wird zum sinnbildlichen Ort kultivierter Gestaltung, in dem sich der Gestaltende abschließt gegen Wildwuchs und Chaos. Bewußt unerwähnt bleibt der Naturzustand, das Ungestaltete und Wildwachsende.

Überall gegenwärtig ist das Rot, die Signalfarbe des herbstlichen Verfalls, jeweils verbunden jedoch mit sprachlich stilisierten Sinneseindrücken. „Weiher“ und „Matten“ gehören dem poetischen Wortschatz an. Erneut antwortet das lyrische Ich angesichts des vom Untergang Gezeichneten mit einer ästhetischen Sprachgebärde. Wie der Walzertakt, die Reimharmonien, die exquisiten Farbeindrücke und das kultivierte Ambiente verweisen die sprachlichen Poetisierungen auf die künstlerische Formsetzung gegen den Verfall.

Im Charon-Mythos findet die Erfahrensweise des Gedichts ihren sinnbildhaften Ausdruck. Am Ende lösen sich alle Verbindungen zum bisherigen Leben auf, ebenso die Erinnerungen der Toten an das, was einmal war, wenn sie zum Hades hinabsteigen und vom Wasser der Lethe trinken. Übrigbleiben Schatten, Phantome und leere Formen, die der Fährmann über den Acheron setzt, unbewußtes, amorphes Sein. In den Schatten hinter den Erscheinungen zeichnen sich Fähre und Boot als mythische Veranschaulichungen der endgültigen Auflösung als das eigentlich Reale ab. Das symbolisch-wesenhafte Verstehen der Erscheinungen, der Blick hinter die Dinge, relativiert die gestalthafte Realität auf der einen Seite, auf der andern jedoch stellt das Symbol eine zeitlos gestaltete Wirklichkeit dar, die das Amorphe, prägnant gefaßt, repräsentiert. In diesem Sinn ist auch die mythische Darstellung insgesamt zu verstehen als eine der Zeit und dem Zufall enthobene, im Sprachbild konzentrierte fundamentale Menschheitserfahrung. Die symbolisch-repräsentative Gestaltung und die mythische Konzentration im bedeutungsvollen Bild zwingen das gestaltlos Zerfließende in zeitlose sprachliche Beschreibungs- und Erkenntnisformen. In der prägnanten sprachkünstlerischen Definition scheint das Chaos im Rahmen des Gedichts gebannt.

Immer nur als Sinnbild, als Ausdruck geistiger Durchdringung und Bewältigung findet das Amorphe Eingang ins Gedicht. Ganz in diesem Sinne spiegelt sich im Meer das zeitlos Ungestalte schlechthin, die Bewegung zwischen Ebbe und Flut, über die Jahrtausende immer gleichbleibend, ohne eine zielgerichtete Entwicklung. Entscheidend ist aber auch hier die Konzentration des Gestaltlosen im charakterisierend gestalteten Bild. Doppeldeutig ist das „Beschlagen", zum einen Beschreibung der andrängenden Wellen, zum andern, in Anspielung auf das Begatten des Wilds, Verweis auf das Leben, das, aus dem Wasser geboren, wieder versinkt, parallel zum Verlauf der Gezeiten. Das Meer ein riesiger Geschlechts- und Fruchtbarkeitssumpf, in dem sich fortlaufend Lebendiges mit Abgestorbenem vermengt. Doppeldeutig ist in diesem Zusammenhang auch das Wort „kreuzen". Impliziert ist das Kreuzen der Schiffe, das Hin und Her des Lebens ebenso wie die Vermischung der Völker und ihrer Mythen, die endlose Variation der gleichen Grundsubstanz. Es ist ein unwillkürlicher, unbewußter Prozeß, ohne Zielrichtung sich immer nur im Kreise drehend, in dem das einzelne getrieben wird von unausweichlichen Zwängen.

Dem Meer als Symbol des Amorphen ist der Garten als Symbol des Kultivierten entgegengesetzt, so wie dem unbewußten Lebensprozeß die bewußte Formung im Gedicht. Ganz zurückgedrängt ist in der lyrischen Reflexion der Welt, parallel zur Aussparung der fortschreitenden Zeit, das Verb als Ausdruck der Bewegung und Handlung. Eine sinnvolle, zu irgendeiner Erfüllung führende Bewegung gibt es ebensowenig wie ein eingreifendes veränderndes Handeln. Das Gedicht reflektiert die Welt geschichtslos als die Wiederkehr des immer Gleichen, zwischen Entstehen und Vergehen. Der dominant nominale Stil hebt die Bewegung weitgehend auf und führt zu einer Art statischen Gleichgewichts des lyrischen Sprechens inmitten zyklischer Sinnlosigkeit. Die Dialektik von gestaltloser Welt und gestaltender Kunst gibt sich auch hier als das eigentliche Prinzip zu erkennen. Das Gedicht hebt sich aus dem Amorphen heraus, indem es diesem Gestalt gibt.

Aufbruch in die Welt lohnt sich nicht. Die jugendlichen Verlockungen, die Hoffnungen auf aktives Verändern und Erfüllung münden schließlich in den „Späten Sang", in die artistische Bewältigung nihilistischer Realität. Der einzelne vermag in der Anonymität des Chaos nur geistig formend, in selbstgewählter Isolation zu einer Identität zu finden. Der Untergang bleibt auch ihm nicht erspart, aber es ist ein großer, einsamer Untergang, indem das, was geschehen muß, in der Freiheit der Kunst vollzogen wird. Kunst kann den drohenden Verfall nicht aufhalten, aber sie kann dem dem Zerfall ausgesetzten einzelnen das Bewußtsein seiner prinzipiell geistigen Überlegenheit über ein blindes organisches Schicksal vermitteln und ihm damit die Furcht nehmen, indem sie der allgemeinen inhaltlichen Leere das schöpferische Ich als den eigentlichen Inhalt entgegensetzt.

Die beiden abschließenden Strophen variieren Motive und Formulierungen aus den beiden einleitenden Strophen. Der so entstehende Rahmeneindruck unterstreicht die Geschlossenheit des Gedichts und das Abgeschlossensein des lyrischen Ich in seiner Kunstwelt. Wie am Anfang dominieren die ästhetisch verarbeiteten Wahrnehmungen. Die Farbenvielfalt, die weit geöffneten Blütenkelche und das Panorama der herbstlichen Gärten fügen sich zu einem schönheitsgesättigten Stilleben, zu einer in sich ruhenden Komposition selbstgenügsamer Vollendung. Gegenwärtig ist auch hier der Verfall, auf dem Grund der Kelche ebenso wie in den glühenden Herbstfarben, aber es ist ein Sterben in Schönheit.

Der nominale Stil mit seinem ruhigen Nebeneinander der Dinge scheint den Prozeß des Verfalls für einen kurzen ästhetischen Augenblick anzuhalten. Eingebettet sind die Dinge im artifiziellen Rhythmus der Verse. Im Takt der Daktylen schwingen sie in der Kunstwelt des Gedichts, mit ihnen schwingt das lyrische Ich, das nun selbst in den Gärten am Ziel ist. Formend und geformt, befreit es sich selbst und die Dinge zum Zerfallen, überwindet die Furcht vor dem unweigerlichen Ende, indem es sich, mit Schönheit gewappnet, dem Untergang im Wohllaut der Verse preisgibt. Auf das Chaos antwortet das lyrische Ich mit seiner Schöpferkraft, auf die Gebundenheit an ein absurdes Schicksal mit der Freiheit des Artisten.

Benns Gedicht ist in Antwort auf die fatalen Geschichtserfahrungen mit dem Faschismus, angesichts einer verheerenden Weltzerstörung, das lyrische Zeugnis eines Humors, der zwar nicht den objektiven Verlauf der Dinge und der Geschichte zu ändern vermag, aber das Verhältnis zu ihnen. Der Humor hebt im Rahmen schöpferischer Gestaltung das Bestimmtsein subjektiv auf und hält die Ahnung von einem Leben in Freiheit jenseits dunkler Zwänge wach. Konfrontiert mit einer fatalen Geschichte und ihren katastrophalen Folgen, entwertet Benn eine Welt der Untergänge und Zerstörungen und bekennt sich trotz ihrer scheinbar unausrottbaren Destruktivität zur Konstruktivität der Kunst.

Günter Eich:

Ende eines Sommers

Wer möchte leben ohne den Trost der Bäume!

Wie gut, daß sie am Sterben teilhaben!
Die Pfirsiche sind geerntet, die Pflaumen färben sich,
während unter dem Brückenbogen die Zeit rauscht.

Dem Vogelzug vertraue ich meine Verzweiflung an.
Er mißt seinen Teil von Ewigkeit gelassen ab.
Seine Strecken
werden sichtbar im Blattwerk als dunkler Zwang,
die Bewegung der Flügel färbt die Früchte.

Es heißt Geduld haben.
Bald wird die Vogelschrift entsiegelt,
unter der Zunge ist der Pfennig zu schmecken.

(Aus: Günter Eich: Botschaften des Regens. 2. Aufl. Frankfurt/M. 1968. S. 7.)

Das Gedicht leitet die „Botschaften des Regens“ von 1955 ein. Den Anfang bildet es ebenfalls in den von Hilde Domin 1969 herausgegebenen „Doppelinterpretationen“, für die es Günter Eich jedoch seinerzeit ablehnte, sich zu seinem eigenen Gedicht zu äußern. In einem ersatzweise eingeschobenen Redeauszug (1956) findet sich der Satz: „Nach meiner Vermutung liegt das Unbehagen an der Wirklichkeit in dem, was man Zeit nennt.“

Zeit scheint in der Tat das zentrale Thema des Gedichts. Das lyrische Ich versucht, sich in der Wirklichkeit zu orientieren, indem es der Zeit als fundamentalem Faktor sprachlich Gestalt gibt. Bereits der Titel verweist auf Zeit, auf das Ende eines Sommers, auf das Überschreiten des Höhepunkts im Jahreszyklus und die einsetzende abschüssige Entwicklung in den Winter. Übertragungen auf den Menschen und sein zeitliches Schicksal liegen nahe. Er nimmt an, was ist, fügt sich ein in die gegebenen Naturabläufe und gewinnt, indem er diese sprachlich evoziert, Orientierung.

Zeit als Geschehensablauf ist anders als der Raum eine abstrakte Dimension, dem unmittelbar sinnlichen Erleben entzogen und im Grunde nur indirekt an den sichtbaren Folgen nachvollziehbar. Im Gedicht erscheint das Zeiterleben grundsätzlich gebunden an das Erleben des Raums, an die Wahrnehmung der Veränderungen im zyklischen Wechsel sowie an das symbolisch vertiefende Geschehen des Wahrgenommenen.

Am einschneidendsten prägt sich für den Menschen das Zeiterleben im Vorgang des Sterbens aus, vorbereitet durch den fortschreitenden Verfall. Sinnenhaft gegenwärtig sind im Lebensraum des Menschen die Spuren dieses rätselhaft unbegreiflichen Vorgangs. Sogar die langlebigen Bäume sind ihm unterworfen. Daß aber selbst ihrem Sein ein Ende gesetzt ist, wenn auch oft weit jenseits der Grenzen menschlicher Lebenserwartung, gibt dem Menschen die tröstende Gewißheit, mit allem, was lebt, in einer ausnahmslos sterblichen Welt zu existieren, in einem vom Vergehen der Zeit geprägten und beherrschten Raum.

Die dinghafte Natur ist räumliches Sinnbild der Zeit, ihre wechselnden Erscheinungsweisen offenbaren Hinfälligkeit als ihr eigentliches Wesen. Das Gedicht vermittelt die Zeit- und Raumebenen miteinander, indem es das Erfahrbare durchsichtig macht für das direkt Unerfahrbare und den Raum im Spiegel des Symbols als Funktion der Zeit begreift.

An Reifung und Ernte der Frucht sind Werden und Vergehen ablesbar, Vorgänge, in denen Kräfte wirksam sind, denen auch der Mensch unterworfen ist. Sterben als unumkehrbares Ende, selbst den Bäumen beschieden, scheint aber nun bereits eingeschränkt und wieder zurückgenommen. Aufgehoben ist das individuelle Absterben in der kollektiven Unsterblichkeit zyklischer Wiederkehr. Der Titel spricht nicht vom Ende des Sommers schlechthin, sondern vom „Ende eines Sommers“, impliziert also sein Zurückkommen. Das Leben selbst erweist sich als unerschöpflich wie die Zeit, die unter dem Brückenbogen rauscht.

Der Fluß, vertrautes Emblem für das Verrinnen und Vergehen, wird durch das, was er sinnbildhaft darstellt, ersetzt, ein Verfahren, das die Zeit sinnenhaft vor Augen rückt, sie spontan miterlebbar macht. Zugleich verliert die Erscheinung ihre Einmaligkeit und öffnet den Blick auf das Allgemeine. Mit dem Abstreifen des bloß Singulären wird sie unsterblich. Wie das Individuelle jeweils nur Träger des Kollektiven ist, so erschließt sich die Erscheinung erst im Rekurs auf das, was sie wesenhaft verkörpert. Eichs Naturgedicht begnügt sich nicht mit der Bestandsaufnahme, sondern ist im eigentlichen Wesensschau, ein „Brückenbogen“, der das Einmalige mit dem Allgemeinen, das Seiende mit dem Sein verbindet.

Niemals aber löst sich der Gegenstand spirituell auf, Zeit oder Fluß, beide sind gleichwertig, wichtig vor allem ist, die Botschaften des sinnlich Erfahrbaren zu verstehen und zu vermitteln. „Ich bin nicht fähig“, äußert Eich in der oben genannten Rede, „die Wirklichkeit so, wie sie sich uns präsentiert, als Wirklichkeit hinzunehmen." Es gilt, das Wesen aus der Erscheinung zu übersetzen, um so die Wirklichkeit in ihrer Komplexität zu verstehen. Der Ort dieser Übersetzung und Erkenntnisfindung durch Sprache ist das Gedicht, das seinen Ausgang von einer noch nicht entfremdeten Natur nimmt. Nur als Reflex ist der Mensch mitunter spürbar. Orientierung scheint erst möglich in der Isolation von der irritierenden Geschichtswelt, in der unmittelbaren Begegnung mit exemplarischer Natur. Das lyrische Subjekt nimmt seine Sinnsuche jenseits ideologischer Entstellungen auf, dort, wo weiterhin eine Chance besteht für die Identität von Ding und Wort.

Auch der dritte Abschnitt wendet sich den Naturzeichen zu. Der Vogelzug weckt alte symbolische Vorstellungen, verweist auf das Ende des Sommers und den einsetzenden Verfall, aber auch auf die Überwindung der Schwerkraft und die Freiheit im raumüberwindenden Flug. Der Blick, eben noch unten auf den Fluß gerichtet, wendet sich nach oben. An die Stelle der Zeit rückt die Ewigkeit. Doch der Wechsel kommt nicht unvorbereitet. Bereits das zyklische Zeiterleben relativiert den Eindruck des Endgültigen. Nun erscheinen, bedingt durch den befreiten Blick nach oben, der Vogelzug und seine Bahnen als Abmessungen und Teilstrecken der Ewigkeit. Jede einmalige Bewegung, jeder Geschehensablauf ist unverlierbar in sie eingelassen. Ewigkeit schließt Zeit nicht aus, sondern enthält sie.

Der irritierende Widerspruch von Dauer und Teilbarkeit ist nur scheinbar. Die verstehende Kreatur vermag in ihrer Lebensspanne Ewiges paradoxerweise niemals als Ganzes, sondern immer nur als Partielles zu erfahren. Darin liegt ihre existentielle Verzweiflung begründet, der die Gelassenheit des Vogelzugs relativierend gegenübersteht. Das fragende und Antwort suchende Bewußtsein vertraut sich den unbewußten Lebensvorgängen an und beginnt das Aufgehobensein auch seiner eigenen ihm zugemessenen Zeit in der Ewigkeit zu ahnen. Das Präsens als dominante Zeitstufe des

Gedichts ist Ausdruck ewiger Gegenwart, die sich im lyrischen Augenblick erfüllt.

Ewigkeit ist im Grunde nur darstellbar im spontanen lyrischen Innewerden der Einheit des subjektiv Seienden mit dem objektiven Sein, des hier und jetzt Wirklichen mit der unvergänglichen Wirklichkeit. Aber diese letzte Wirklichkeit bleibt im Grunde ungreifbar. Nur eine Ahnung von ihr vermag das Gedicht zu vermitteln, indem es das vordergründig Erfahrbare nach den verborgenen geheimen Botschaften befragt, um das anwesende Sein aus seiner Verborgenheit ans Licht zu bringen. Auf diesem Wege entsteht ein fundamental ontologischer Realismus, der im Aussprechen der Dinge dem unausgesprochenen Wort des Seins auf der Spur ist. Die Ersetzung des Sinnenhaften durch den Sinn, wie im Beispiel der Ersetzung von Fluß durch Zeit, ist daher zu verstehen als Versuch einer kategorialen Wirklichkeitserfassung, die anders als das realistische Naturgedicht im Stil Storms der naiven Aussagekraft der Dinge nicht länger vertraut.

Immer wieder wird das Räumliche und Sichtbare transparent für die unsichtbar wirkende Zeit als fundamentale Lebenskategorie. Die Strecken des Vogelzugs, aufgefaßt als Zeitspanne, hinterlassen ihre Spuren im Blattwerk. Im „dunklen Zwang" sind die räumlichen Schatten ebenso gegenwärtig wie die zurückbleibenden, dunkel ragenden, kahlen Äste. Der Vogelzug wird zum herbstlichen Zeitmesser, zur sichtbaren Botschaft der Zeitlichkeit allen Daseins. Seine Bewegung ist Fortschreiten in einem bestimmten Zeitraum, räumliches Sinnbild der vergehenden Zeit überhaupt, die als die eigentliche Ursache die Reifung der Früchte bewirkt.

Dasein ist Sein als Zeit, seine Erscheinungsformen, ständig in Bewegung, unterliegen einem vorherbestimmten Ablauf, der das, was zu sein scheint, immer wieder verwandelt und jedes Festhalten und Stillstehen verhindert. Und doch äußert sich wie im zweiten auch im dritten Abschnitt in der Wahl der auf Zyklisches verweisenden Bilder eine tröstende

Gewißheit. Ausdrücklich wiederholt sich das Motiv der Reifung im Bild der sich färbenden Früchte. Ebenso spiegeln sich im Vogelzug und im herbstlichen Verfall die zyklisch sich ständig erneuernden Abläufe, die nicht linear ins Unendliche verlaufen, sondern in der Kreisbewegung Ewigkeit einschließen.

Jede Endzeit leitet zugleich einen neuen Anfang ein. Die Vögel werden wiederkehren, das Blattwerk wird sich erneuern, aus dem Keim wird sich die neue Frucht entwickeln. Das Wegziehen der Vögel ist in der Tat nur der eine Teil der Ewigkeit, ihre Wiederkehr der andere, der den Kreis rundet.

Erst das sinnbildhaft kategoriale Verstehen, das alles Räumliche als ein Dasein als Zeit begreift, kann trösten und gelassen machen. Aus der Annahme der eigenen Zeitlichkeit erwächst die Geduld. Alles Dasein schließt das Ende, den Verfall und den Tod mit ein. Die Gegenwart des Lebens ist identisch mit der Zeitspanne zwischen der Wiederkehr der Vögel im Frühling und ihrem Abzug im Herbst. Doch das, was jenseits dieses Abzugs liegt, bleibt dem einzelnen verschlossen, ahnbar nur in der Vergegenwärtigung zyklischer Abläufe. Die Entsiegelung der Vogelschrift, die Erkenntnis des Sinns ihres Abziehens und Wiederkehrens vollzieht sich erst im Tode. Sterbend erreicht der Mensch das Ziel seines Daseins und taucht, indem sich sein Daseinskreis rundet, in die alles beherrschende, Vergangenheit, Gegenwart und Zukunft einschließende Zeit ein. Die letzte Zeile des Gedichts spielt auf den Obolus an, den Verstorbenen in den Mund gelegt, als Fährlohn für Charon, der die Schatten über den Acheron setzt.

„Pfennig“, wie Eich den Obolus nennt, enthält wie die meisten Wörter im Gedicht, die auf Zeitlichkeit verweisen, eine Spirans im Anlaut. Dies trifft auf das bereits in der zweiten Zeile auftauchende allgemeine Sterben ebenso zu wie im einzelnen auf Pfirsiche, Pflaumen, färben, Vogelzug, Flügel und Vogelschrift. Zeit, ebenfalls spirantisch anlautend, erweist sich so auch phonetisch als fundamentales Prinzip. Die

Spiranten unterstreichen die Bedeutung der Zeit als Kernaussage und strukturieren den Klangkörper des Gedichts.

Der Tod befreit den einzelnen von seinem Dasein, verstanden als ein Sein als Zeit, und läßt ihn einmünden in die Zeit, die war, ist und sein wird. Das Motiv der fließenden Zeit, die unter dem Brückenbogen rauscht, kehrt in der Anspielung auf den Acheron, den Fluß der Unterwelt, wieder. Der Fluß ist Sinnbild ewiger Bewegung, in der der Augenblick immer zugleich schon wieder verflossene Vergangenheit und vorwärtstreibende Zukunft ist. Ihr entspricht der Vogelzug. Fließen und Fliegen repräsentieren gleichermaßen die Erde und Himmel umfassende Zeit als elementare Möglichkeit des Seins.

Ewigkeit erscheint als die Auflösung des Vergangenen, Gegenwärtigen und Zukünftigen zur ewigen Kreisbewegung, in die auch der Mensch einbeschlossen ist. Gelassenheit gilt es zu lernen angesichts des Eingebundenseins in die Wirklichkeit vor allem Wirklichen, in die Zeit vor allem nur Zeitlichen und die Angst zu überwinden vor der individuellen Auflösung, die das Seiende als zeitliche Erscheinung wieder in das ewige Sein zurücknimmt. Gelassenheit aber ist nur lernbar in der von individuellen Sonderrechten unvoreingenommenen Begegnung mit der unbewußten Kreatur, die weder Angst noch Verzweiflung kennt.

Ihr Vorbild befreit den Menschen von Sündenlast und Schuldbewußtsein. „Die Vögel über den Dächern", heißt es in einem früheren Gedicht Eichs, „fürchten kein Gericht."

Marie Luise Kaschnitz:

Genazzano

Genazzano am Abend
Winterlich
Gläsernes Klappern
Der Eselshufe
Steilauf die Bergstadt.
Hier stand ich am Brunnen
Hier wusch ich mein Brauthemd
Hier wusch ich mein Totenhemd.
Mein Gesicht lag weiß
Im schwarzen Wasser
Im wehenden Laub der Platanen.
Meine Hände waren
Zwei Klumpen Eis
Fünf Zapfen an jeder
Die klirrten.

(Aus: Marie Luise Kaschnitz: Neue Gedichte. Hamburg 1957. S. 68.)

Das Gedicht wurde zum erstenmal in der Sammlung „Neue Gedichte“ im Jahre 1957 veröffentlicht. Peter Huchel rühmte die „bestürzende Einmaligkeit“, Karl Krolow hob hervor, Marie Luise Kaschnitz habe mit „Genazzano“ das Gedicht „als existentielle Ellipse ... zur Vollkommenheit“ gebracht. Hugo Friedrich schließlich sah in dem ungebundenen Umgang mit der Zeit in Anklang an Rimbaud das Wirken der „diktatorischen Phantasie“.

Das Urteil der Kritiker ist in der ästhetischen Bewertung ebenso emphatisch lobend wie ausgesprochen vage in der Begründung. Am meisten überzeugt noch Huchel. Für ihn entzieht sich das gelungene Gedicht jeder Definition und bleibt letztendlich „Geheimnis“. Auch wenn man dieser Erkenntnis im Grunde zustimmen muß, so darf sie den Leser, der ja verstehen möchte, nicht entmutigen, nach dem Sinn der lyrischen Aussage zu fragen. Das Geheimnis der Kunst zu lüften, wird ihm dabei schwerlich gelingen, vielleicht aber glückt es ihm, Textverständnis und Selbstverständnis in ein gegenseitig fruchtbares Verhältnis zu bringen.

Auf Schwierigkeiten stößt das verstehende Lesen erst in der achten Zeile, nachdem sich bis dahin das Bild eines Ritts auf einem Esel an einem winterlichen Abend hinauf zu einer kleinen italienischen Bergstadt anschaulich entfaltet hatte, verbunden mit Erinnerungen an einen früheren Aufenthalt dort. „Hier wusch ich mein Totenhemd.“ Das lyrische Ich, bisher gegenwärtig in klarer, überschaubarer Blickführung und anschaulicher Detaillierung, erlebt sich selbst als bereits verstorben. Die Gegenwart in den einleitenden Versen, aus deren Sicht Vergangenes Gestalt gewinnt, erscheint plötzlich irreal, nur noch phantastische Fiktion. Das sich erinnernde gegenwärtige Subjekt und die erinnerte Vergangenheit wirken gleichermaßen unglaubwürdig und heben sich gegenseitig auf.

Erst die zeitliche Verfremdung jedoch, die überraschende poetische Aufhebung normaler Erwartungsmuster, setzt den vertiefenden Verstehensprozeß in Gang. Jetzt erst, nach dem Innewerden des zeitlichen Widerspruchs, stellt sich die Frage nach der Bedeutung der scheinbar so eindeutigen Eingangsverse. Keine realistische Zeitenfolge artikuliert sich hier, sondern die Gestaltung einer bedeutungstragenden, fiktiven Perspektivik. Das Gedicht setzt ein mit der geistigen Schau des Dichters, einer Art visionären Rückblicks, in dem sich die Motive des Heimkehrers und des Wiedergängers eigenartig mischen. Es ist ein Augenblick der Abgeschiedenheit vom Alltag in der Stille eines winterlichen Abends.

Lyrisches Sprechen artikuliert sich in der Distanz von alltäglichen Lebensvollzügen. Im gesteigerten Bewußtsein des Gedichts liegt die Chance, den Sinn unbewußt gelebten Lebens zu erkennen. Entfernt erinnert die rückblickende Perspektive an Thornton Wilders „Unsere kleine Stadt" (1938), wo ebenfalls durch fortgesetzte Rückblenden und die erinnernde Rückschau längst Verstorbener sich vertiefte Lebenserkenntnis ausspricht. Im Augenblick der vom Alltag abgeschiedenen geistigen Erinnerungsvision scheint die Zeit stillzustehn. Die ersten fünf Zeilen enthalten kein einziges Verb. Nominaler Ausdruck, Orts- und Zeitbestimmungen schreiben die Situation fest, lassen jede Form von Sukzession und Aktion unwichtig erscheinen. Nur das gläserne Klappern der Eselshufe dringt durch die Stille, die einzige akustische und motorische Sensation, in der sich die Anwesenheit des lyrischen Ichs mitteilt. Bergsteigen wird zum Sinnbild des Eindringens in weit entrückte Lebensräume. Im räumlichen Bild konkretisiert sich die zeitliche Rückwendung.

In der visionären Erinnerungsperspektive erscheint die Vergangenheit auf Elementar-Wesenhaftes reduziert. Die dem Zeitfluß fiktiv enthobene Sicht lenkt den Blick vom Zufälligen auf den Kern des Daseins. Exemplarische Stationen eines Lebens treten ins Bild, knapp umrissen, visuelle Chiffren des Lebenssinns. Drei blockartig nebeneinander gestellte Aussagesätze, syntaktisch streng parallel gebaut, die letzten beiden semantisch nur geringfügig verändert, umreißen in anaphorischer Reihung ein ganzes Leben. Die Verben auf der Zeitstufe des Präteritums verweisen auf den als vergangen erlebten Vollzug individuellen Daseins, das aus der Sicht der Eingangsverse indes auf typische Stationen zurückgeführt erscheint.

Die extrem verknappte Darbietung beschwert die Sprache und die einzelnen Motive mit tiefgründiger Bedeutung. Symbolisch durchaus ambivalent ist der Brunnen als Standort des Menschen. Auf der einen Seite Wasser- und daher im übertragenen Sinne Lebensspender, ist er auf der andern nach überkommener Auffassung der Eingang zur Unterwelt. Geburt und Tod verbinden sich in gleichem Maße mit ihm. Alte zyklische Vorstellungen klingen an, nach denen der Mensch dorthin zurückkehrt, woher er gekommen ist. Im Brunnen laufen Anfang und Ende zusammen. Bis zum Schluß bleibt er als der zentrale Bereich, in dem der Mensch sich bewegt, gegenwärtig. Der Brunnen wie die kleine Bergstadt überhaupt bilden Kernzonen menschlicher Existenz. Hier in der äußersten räumlichen Konzentration, allen Beiwerks entkleidet, wird Lebenssinn erkennbar. Nicht in einmaligen, spektakulären Ereignissen vollzieht sich menschliches Dasein, sondern in der Erfüllung ewiger, zyklisch wiederkehrender Gesetze. Ihnen unterwirft sich der einzelne in bescheidener Einsicht.

Im Brauthemd bzw. im Totenhemd, zwischen Hochzeit und Tod, ereignet sich die Weitergabe nachfolgenden bzw. die Vollendung des eigenen Lebens. Der Mensch wird geboren, um zu gebären und zu sterben, mitzuwirken an der unsterblichen Kette des Seins, eingefügt in den umfassenden Zyklus, der ihm als einzelnen allein Sinn gibt. Nicht im Aufbruch, im Fortschreiten vollendet sich der Mensch, sondern in der ruhig beharrenden Zuwendung zu dem im Brunnen versinnbildlichten Lebensgrund. Er macht die eigentliche Mitte seines Daseins aus. Das dreimal wiederholte, anaphorisch verwendete „Hier“ weist dem einzelnen demonstrativ seine Aufgabe. In der erinnernden geistigen Schau offenbaren sich die fundamentalen Lebensstationen. Das Gedicht erfüllt sich als elementare Wesenserkenntnis.

Vier eindeutige, jeweils durch einen Punkt markierte syntaktische Einschnitte sind erkennbar. Nach der Eröffnung der Erinnerungsperspektive und der jeweils auf eine Zeile beschränkten Darbietung elementarer Lebensstationen folgen zwei weitere Teile, die die Motive des Lebens und Sterbens erneut aufnehmen, indem sie sie mit übergreifenden Vorgängen verbinden. Ziel der abschließenden Durchführung der allgemein angeschlagenen Motive ist deren Konkretisierung.

Die dritte syntaktisch klar abgegrenzte Einheit wendet sich den Erscheinungsformen individuellen Lebens zu. Im Gesicht prägt sich die unverwechselbare Einmaligkeit des Subjekts aus, sein unwiederholbares Erscheinungsbild. Verbunden ist es mit den Elementen des Wassers und des Windes. Weiß taucht es auf aus dem Wasser des Lebens, abbildhaft im Spiegel des Unergründlichen, dem Urbild allen Seins.

Für den Augenblick individuellen Lebens nimmt es Gestalt an, eine flüchtige, aber schöne Erscheinung. Gegenwärtig wie im Lebenselement des Wassers ist das Gesicht im Wind, dem „Atem der Erde“, eins mit dem wehenden Laub, das grünt und welkt wie der einzelne Mensch. Seine elementar-vegetative Natur bestimmt die symbolische Darstellung. Geboren aus dem Wasser wie alles Leben, schwingt er im Zyklus des Werdens und Vergehens. Im Satzfluß spiegelt sich nach dem Stakkato der drei elementaren Setzungen die sich kurzfristig vollziehende Einzelexistenz.

Das Sterbemotiv ist Gegenstand der vierten Sinneinheit. Sterben wird erlebt als Erstarrung. Mit dem Erstarren der Hände schwindet die Fähigkeit zu handeln. Das Wasser des Lebens wandelt sich in das Eis des Todes. Die Gestalt geht über in gestaltlose Klumpen. Doch die eisige Erstarrung hat nichts Endgültiges. Wasser und Eis, Flüssiges und Erstarrtes sind nur andere Aggregatzustände eines Stoffes, der im Kern mit sich identisch bleibt. Nichts geht verloren in dem ewigen Kreislauf des Lebens. Das Erstarrte wird sich wieder auflösen, aus dem Abgestorbenen wird neues Leben hervorgehen. Ähnlich wie der Brunnen ist auch das Eis ein ambivalentes Symbol, das in den Hinweisen auf das Brauthemd und das Totenhemd und in den beiden abschließenden Sinneinheiten polar aufgespalten erscheint. Sein bedeutet die lebendige Dialektik des Fließenden und des Starren, unablässig ineinander übergehend in ewiger zyklischer Wiederkehr.

Sind die zweite und die dritte syntaktische Einheit durch die Brunnen- und Wassersymbolik miteinander verknüpft, so stellt die abschließende vierte Einheit insofern eine Fortführung dar, als das Eis lediglich eine andere Erscheinungsform des Wassers ist. Aber auch zwischen der letzten und der ersten syntaktischen Einheit gibt es einige überraschende Entsprechungen. Korrespondiert das Eis sowohl mit dem Winterlichen als auch mit dem Gläsernen, so entspricht das Klirren dem gläsernen Klappern. Der Zustand am Ende scheint nahtlos in den Zustand am Anfang überzugehen. Von beiden Zuständen geht auf den ersten Blick der Eindruck des Leblosen aus. Deutlich ist ein gewisser Kontrast zum Mittelteil mit seinen tragenden Symbolen des Brunnens, des Wassers und des Windes, ausnahmslos Sinnbilder des Lebendigen. In den rahmenden syntaktischen Einheiten überwiegt demgegenüber der Eindruck des Abgeschiedenen und Abgestorbenen. Abend, Winter und Eis verweisen gleichermaßen auf Verlust an Vitalität.

Anders als die letzte syntaktische Einheit jedoch, die im erstarrten Zustand verharrt, enthält die erste eine klar aufwärtsstrebende, vertikale Bewegungsführung. Tauchen dort noch Verben auf, so sind sie hier völlig ausgespart. Wie bereits eingangs bemerkt, scheint der einleitende Teil der Zeitlichkeit enthoben.

Gestaltet der Mittelteil, bestehend aus der zweiten und dritten syntaktischen Einheit, das eigentlich Lebendige, sinnfällig im Fließenden und Flüssigen des Wassers, aber auch im Wehen des Windes, veranschaulicht die abschließende Einheit das Abgestorbene und Erstarrte im Sinnbild des Eises, so stellt die erste syntaktische Einheit die Sublimierungsstufe dar, zu der aus dem Erstarrten gleichsam der Geist des Lebens selbst aufsteigt. Steigen bedeutet Sublimieren, den Übergang vom Verfestigten ins Geistige, aus dessen zeitloser Sicht das Ganze des Lebens überschaubar wird. Auch hier gibt sich das Sein als fließende Zustandsänderung zu erkennen. Wie sich aus dem Erstarrten über die Sublimierung der unsterbliche Geist des Lebens befreit, so drängt der Lebensgeist wieder in das Fließende und Zeitliche zurück, in dem er sich, um im Bild zu bleiben, erneut kondensiert.

Das Gedicht gestaltet auf den Stufen des Sublimierens, Kondensierens und Erstarrens die Aggregatzustände des Lebens. Unablässig wirkend, begründen sie den Seinszyklus, ohne Anfang und Ende. Leben geht hervor aus der Umwandlung des einen Stoffes, es ist die Kernzone zwischen den Polen der stofflichen Erscheinungsformen des Geistigen und Materiellen. In der Struktur des Gedichts mit der vollen Lebensrealisierung im Zentrum spiegelt sich die Struktur des Seins überhaupt. Jetzt erst findet auch die Erinnerungsvision ihre eigentliche Begründung. Der Geist des Lebens ist von allem Anfang an beheimatet im Leben selbst. Fragen nach seinem ursprünglichen Zustand sind sinnlos, weil Werden und Sein aus seiner Sicht eine unsterbliche Einheit bilden.

Paul Celan:

Tenebrae

Nah sind wir, Herr,
nahe und greifbar.

Gegriffen schon, Herr,
ineinander verkrallt, als wär
der Leib eines jeden von uns
dein Leib, Herr.

Bete, Herr,
bete zu uns,
wir sind nah.

Windschief gingen wir hin,
gingen wir hin, uns zu bücken
nach Mulde und Maar.

Zur Tränke gingen wir, Herr.

Es war Blut, es war,
was du vergossen, Herr.

Es glänzte.

Es warf uns dein Bild in die Augen, Herr.
Augen und Mund stehn so offen und leer, Herr.

Wir haben getrunken, Herr.
Das Blut und das Bild, das im Blut war, Herr.

Bete, Herr.
Wir sind nah.

(Aus: Paul Celan: Ausgewählte Gedichte. Nachwort von Beda Allemann. Frankfurt/M. 1968. S. 58 f.)

Das Gedicht „Tenebrae“ steht in der 1959 erschienenen Sammlung „Sprachgitter“, Paul Celans vierte selbständige Gedichtveröffentlichung, sieben Jahre nach „Mohn und Gedächtnis“ mit der „Todesfuge“, dem wohl berühmtesten Gedicht der klassischen Moderne.

Wie bei den Gedichten Else Lasker-Schülers so ist auch bei dem vorliegenden Gedicht die Nähe zur Psalmendichtung unverkennbar. Nur ist es kein Preisgesang, der erklingt, eine hymnische Feier bevorstehender Erfüllung, sondern ein tief erschütterndes Klagelied, eine todtraurige Elegie menschlichen Leidens. Hervorstechend, das Sprechen strukturierend, sind nach dem Vorbild der Psalmen die Anrufungen des Herrn. Die Wortwiederholungen, häufig als Anapher, der psalmodierende syntaktische Parallelismus, die Alliterationen und vokalischen Gleichklänge sind Teil eines für Celan charakteristischen insistierenden Sprechens, das sich kein Abweichen von der fundamentalen Aussage des Leidens und der Not erlaubt. Das Gedicht ist Kernaussage, ein Äußerstes an sprachlicher Konzentration und komprimiertem Ausdruck.

Der unterschiedliche Zeitgebrauch prägt die Gesamtkomposition. Auf das Präsens der drei einleitenden Sinneinheiten folgt ein breiter Binnenteil im Präteritum, der vermittelt über das Perfekt „Wir haben getrunken“, in den beiden abschließenden kurzen Zeilen, die auch motivlich an den Anfang anknüpfen, wieder ins Präsens einmünden. Das Gebet, die Hoffnung auf Antwort und Erlösung, erfüllen die Gegenwart, die Bitte um ein Lebenszeichen Gottes am Endpunkt eines Weges. Die Rückwendung im Binnenteil schildert den Weg bis zu dem Punkt, wo eine Begegnung mit Gott dringend wird.

Das vergangene Erlittene und das gegenwärtige Erleiden bedingen die Hinwendung zu Gott wie auch in vielen Psalmen, so etwa in dem berühmten 130. Psalm: „Aus der Tiefe rufe ich, Herr, zu dir.“ Ähnlich auch der 88. Psalm, wo es heißt: „Du hast mich in die Grube hinuntergelegt, in die

Finsternis und in die Tiefe." Tenebrae, die Finsternis, ist der Ort äußerster Existenznot und Verzweiflung, de profundis, ex tenebris schreit der Mensch auf angesichts des Leidens zum Tode.

Das lyrische Ich, hierin ebenfalls vielen Psalmisten nahestehend, spricht in der Rolle des Wir stellvertretend für alle und ihr identisches Schicksal. Im äußersten Gegensatz zu dem Subjekt in Benns Gedichten solidarisiert sich das Subjekt Celans als Teil der menschlichen Leidensgemeinschaft. Die allgemeine Not verbietet eine Flucht in die sich aller Teilnahme versagende Isolation. Meint Benn mit „Gitter" in dem gleichnamigen Gedicht die Einzäunung des Ich, so Celan mit dem Gesamttitel „Sprachgitter" das feine Netz, in dem sich die Sprach- und Schicksalslinien zum menschen- und welthaltigen Gedicht kreuzen, ein Versuch, Kunst und Leben sprachlich miteinander zu verknüpfen.

In der Finsternis bestimmen die Leidenden ihre Position. Das anaphorisch gesetzte „nah" hebt emphatisch die Nähe des Menschen zu Gott hervor, eine Nähe, die die Erlösung aus der Finsternis greifbar nah erscheinen läßt. Doch die räumliche Implikation ist nur vordergründig. Nahe sein bedeutet in einer Tiefenschicht das Gegriffen- und Ergriffensein vom Göttlichen. Gott und Mensch sind „ineinander verkrallt", jeder einzelne scheint nicht nur ein Abbild Gottes, sondern identisch mit dem Urbild, dem göttlichen Leid.

Gott ist im Menschen in die Finsternis eingegangen. Aus dieser Überzeugung erwächst die paradoxe Sprachhaltung des Gedichts. Wie der in der Finsternis leidende Mensch zu Gott um Erlösung betet, so ist der Gott in der Finsternis selbst erlösungsbedürftig geworden. Nur wenn er sich dem Menschlichen im Gebet vertrauend anvertraut, kann er erlöst werden, kann er, im Menschen auferstehend, diesen miterlösen. Das Heil des Schöpfers ist untrennbar mit dem Heil seiner Geschöpfe verbunden. Nur über die Kreatur vermag Gott zu sich selbst zu finden.

Gott nahe kommt der Mensch durch das Leiden, in der

Erfahrung der Finsternis und im trotzigen Versuch, ihr standzuhalten. Der Binnenteil schildert in existentiellen Chiffren den zurückliegenden Leidensweg und die Begegnung mit Gott in der Not. Die eindringliche, vokalisch gleichlautende Zeile „Windschief gingen wir" zusammen mit der Wiederholung der zweiten Zeilenhälfte im nachfolgenden Vers hebt die Situation des homo viator hervor, des Menschen, der von Leiderfahrung zu Leiderfahrung unterwegs ist, gebeugt endlich unter der Last des Erfahrenen. Entfernt klingt der Psalm an, in dem es heißt: „Denn unsre Seele ist gebeugt zur Erde, unser Leib klebt am Erdboden." Der Wind, in den Psalmen häufig Sinnbild der Vergänglichkeit („Ein Mensch ist in seinem Leben wie Gras, er blühet wie eine Blume auf dem Felde, wenn der Wind darüber geht, so ist sie nimmer da ...") droht den Menschen auszuzehren und auszulöschen.

In „Mulde und Maar" sucht der von der Gewalt des Winds Niedergedrückte Stärkung. Die alliterierende Formel ist symbolisch ambivalent. Auf der einen Seite verweist sie auf Vertiefungen im Boden, in denen sich Wasser sammelt, auf der andern Seite spielt sie im übertragenen Sinn auf die Lebenssenke an, auf den Tiefpunkt am Ende eines langen abschüssigen Wegs. Scheinbar erfüllt sich im Hinweis auf die „Tränke" die erste Konnotation, doch, was sich dort gesammelt hat, ist kein Wasser, sondern Blut, von Gott selbst vergossen. Wiederum ist die Aussage nicht eindeutig festlegbar. Ist es das eigene Blut, das der Gekreuzigte vergossen hat für die Menschen, oder ist es das Blut der anderen, das Gott vergießen ließ in den fortwährenden gewalttätigen Auseinandersetzungen auf der Erde? Auffällig ist immerhin, daß Blut ohne das bestimmende Possessivpronomen gebraucht wird. Gott, der in die Finsternis und in die Menschen eingegangen ist, erscheint, selbst betroffen, ohnmächtig gegenüber dem unablässigen Töten.

In Mulde und Maar begegnet dem homo viator auf dem Tiefpunkt der passio humana der erlittene wie verursachte

Tod als Ziel des Lebenswegs. Seine Tränke ist die Quelle des Schmerzes, den er in sich aufnimmt und so der leidenden Gottheit näherkommt, letztlich eins mit ihr wird. Das göttliche Bild im Blut mit den offenstehenden und leeren Augen und dem offenstehenden Mund ist ein Bild des Abgestorbenen, das über die Augen unauslöschlich in die Sehenden eingeht.

Herausgehoben ist der Tod Christi, da er seiner menschlichen Natur nach wahrhaftes Blut hatte, miteinbezogen ist aber auch das auf Erden vergossene Blut überhaupt. Die reinigende und erlösende Kraft des Blutes indes ist nur wirksam, wenn sich der Mensch identifiziert mit dem Leiden, es sich gleichsam einverleibt. Das Blut trinkend, nimmt der Mensch das Leiden der getöteten Gottheit in sich auf, die, wenn überhaupt, nur in ihm wieder zum Leben erweckt werden kann. Der Mensch ist das Grab Gottes, aus dem Gott zusammen mit dem Menschen, der in der Nachfolge Christi das Leid auf sich genommen hat, erlöst heraustreten könnte. Auch das Blut ist wie die Bildlichkeit des Gedichts überhaupt ambivalent. Es verweist auf Sterben und Tod wie auf das Leben. Im Vergießen und Trinken des Bluts spiegeln sich sinnbildhaft Töten und neues Leben.

Die Erfahrung des Todes, die Konfrontation mit der radikalen Existenzauflösung, setzt die Hoffnung auf wiedergeborenes Leben frei. Auf den Schlachtfeldern der Gewalt wird auch Gott immer wieder neu erschlagen, und er bittet den Menschen, der sich in Demut „nach Mulde und Maar“ vor dem unermeßlichen Leiden „bückt“, um Erlösung, um menschliche Aufnahme, um im Menschen wieder aufzuerstehen. Der Ruf, dem der Mensch folgt, dringt hervor aus der Gewißheit seiner Geschöpflichkeit, aus dem Vermächtnis des Schöpfers, der nur durch sein Geschöpf und in ihm erlöst werden kann. Nahsein bedeutet daher auch das Innewerden des göttlichen Erbes, die immer wieder neu vollzogene Geburt Gottes aus dem Schmerz. Die Bitte an Gott, zu den Menschen zu beten, heißt in diesem Sinn, die Stimme des Schöpfers nicht verstummen zu lassen, das, was an Gott im Menschen ist, als lebendigen Impuls wach zu erhalten.

Der Weg zur Erweckung Gottes führt über die Kreatur, über das Eingeständnis ihrer Schuld an der Zerstörung und über ihr demütiges Verneigen vor dem vergossenen Blut. Der Mensch, der sich bückt, sein Haupt neigt vor dem Blutbad der Geschichte, begegnet der erschlagenen Gottheit, die im vergossenen Blut um Erlösung bittet, um die Erlösung des Gottes im Menschen. Sein Abbild soll wieder zum Urbild erweckt werden. Der Mensch, der Gott bittet, zu ihm zu beten, spricht aus der Furcht vor einer gottvergessenen Welt, vor einer Welt ohne Hoffnung, die ständig in Gefahr ist, im Blut zu ertrinken. Gott ist Hoffnung auf Leben. Das vergossene Blut glänzt in die Augen, mahnend an die Gewalt und zugleich den Frieden verheißend.

Das lyrische Ich solidarisiert sich nach den furchtbaren Erfahrungen des Weltkriegs mit der Leidensgemeinschaft der Menschen. Sein Gedicht bringt sie auf den Weg zu den Stätten der Verwüstung und des Leidens, führt sie dazu, das Angerichtete mit seinen Augen, mit den Augen des Schmerzes anzuschauen. Er führt sie zu dem tiefsten Punkt, in die nicht mehr überbietbare Existenzkrise, auf deren Grund der erschlagene Gott im paradoxen Sinnbild dem Menschen einen neuen Aufbruch aus der Finsternis weist.

Celans Gedicht verzichtet bewußt auf alle direkten Zeitbezüge, ohne der Zeit enthoben zu sein, er meidet offene Zeit- und Gesellschaftskritik, ohne unkritisch zu werden. Im Gedicht kreuzen sich die Linien des Leidens in und an der Welt mit den Linien des künstlerischen Ausdrucks und vereinigen sich zu einem „Sprachgitter“, aus dessen distanzierender Sicht das Leiden erst aussagbar wird. Das Verweben der Realität des Leidens und der Lebenshoffnung mit Symbolen und existentiellen Chiffren ermöglicht ein Sprechen gleichsam hinter einem Sprechgitter, ein Sprechen, das teilnimmt am Gegenüber und zugleich von ihm abrückt, Haltung des Wissenden, der durch Sprachzeichen Erkenntnis vermitteln will, um, selbst der Finsternis entronnen, auch die andern aus der Finsternis der Sprachlosigkeit führen möchte.

Lyrisches Sprechen erfüllt sich im paradoxen Sinn: Es läßt in dunklen Symbolen Lichter aufgehen in der Finsternis und öffnet, hermetisch verschlüsselt, die Augen für die Erkenntnis der Wahrheit und des Lebens. Im Wir prägt sich sowohl ein pluralis majestatis als auch ein pluralis modestiae aus. Das lyrische Ich ist als exemplarisch Leidendes und Erkennendes herausgehoben, zugleich tritt es zurück, um die andern, durch das Sprachgitter des Gedichts blickend, erkennen zu lassen. Insofern ist das Gedicht als geistiges Medium und Erkenntnisfolie immer Sprech- und Sprachgitter zugleich. In jedem Fall aber spricht das lyrische Ich aus dem Kreis der Gemeinschaft, deren Teil es ist, und hingewendet zu ihr.

Johannes Bobrowski:

Der Wanderer

Abends,
der Strom ertönt,
der schwere Atem der Wälder,
Himmel, beflogen
von schreienden Vögeln, Küsten
der Finsternis, alt,
darüber das Feuer der Sterne.

Menschlich hab ich gelebt,
zu zählen vergessen die Tore,
die offenen. An die verschlossenen
hab ich gepocht.

Jedes Tor ist offen.
Der Rufer steht mit gebreiteten
Armen. So tritt an den Tisch.
Rede: Die Wälder tönen,
den eratmenden Strom
durchfliegen die Fische, der Himmel
zittert von Feuern.

(Aus: Johannes Bobrowski: Das Land Sarmatien. Gedichte. München 1966. S. 71.)

Das Gedicht steht in Bobrowskis zweitem Gedichtband „Schattenland Ströme“, der 1962 in Stuttgart erschien. Abendstimmung liegt über dem Gedichteingang. In hochpoetischer, an die empfindsame Odendichtung erinnernden Sprache wird die abendliche Stille beschworen, in der das Fließen des Stroms und der Atem der Wälder hörbar werden. Nach dem Versinken des Sichtbaren in die Dunkelheit bietet sich die Natur als Klangbild dar, intimer und inniger als die visuelle Schilderung, gleichzeitig aber auch eigentümlich zurückgenommen in ihrer vollen Plastizität. Im Tönen und Atmen schwingt das geheime, unsichtbare Lebensgesetz, die Seele des Stroms und der Wälder.

Ein Natureingang, der in äußerster Verknappung Zeit und Raum beschwört, durch die Nennung des Worts sinnliche Nähe evoziert. Aufstörend fällt das Schreien der Vögel in das mit wenigen markanten Strichen gezeichnete Genrebild ein und stellt die Idylle in Frage. Nicht nur die sanften Stimmen unwillkürlich schaffender Natur tönen in der Dunkelheit, sondern auch die Schreie der Kreatur, aufschreckend und beunruhigend. Durchbrochen ist der Frieden des vegetativ-organisch in sich selbst Ruhenden durch den jähen Einbruch lärmender Bewegung.

Alt wie die Schöpfung ist die Finsternis. Schon in der indischen Ringweda war am Urbeginn „alles gleich einem Meer ohne Licht“. In der Genesis heißt es: „Finsternis lag über der Urflut.“ Auf die metaphorische Verknüpfung der Finsternis mit dem Meer verweisen im Gedicht die Küsten, eingehüllt in Dunkelheit, umlauert von Gefahren. Eine gebrochene Idylle, auf der ein dunkler Himmel lastet. Unendlich fern und unerreichbar scheinen die Sterne, hoch über den schreienden Vögeln.

Hinter der Naturmotivik wird die existentielle Aussage fühlbar. Der Abend bedeutet nicht nur das Ende des Tages, sondern allgemein auch Endzeit, das Ende individueller Lebensprozesse. Der Wanderer ist am Ziel seines Lebenswegs. Vielsagend verweisen die schreienden Vögel an den Küsten der Finsternis auf das Fragen nach dem weiteren Schicksal jenseits der Helligkeit des Tages, jenseits des gelebten Lebens.

Nebeneinander stehen Strom, Wälder und der Himmel, in vertikaler Blickführung von unten nach oben gestaffelt, in sprachlich unverbundener Aufzählung. Weit entrückt scheinen die Feuer der Sterne, die Verheißungen des Lichts, noch hoch über der Dunkelheit des Himmels. Die Situation des Menschen, des homo viator, am nahen Ende seines Wegs, der mehr und mehr aus den kollektiven Lebensprozessen, gegenwärtig im Strom und in den Wäldern, herausführt, ist gekennzeichnet von Unsicherheit und Angst, beherrscht von der bangen Frage nach seiner Zukunft inmitten der sich ausbreitenden Dunkelheit. „Er hat meinen Weg verzäunt", heißt es im Buche Hiob, „daß ich nicht kann hinübergehn, und hat Finsternis auf meinen Steig gestellt."

Unerreichbar scheint das Licht, die Erlösung aus der Finsternis, das unverbundene Nebeneinander der Dinge und Erscheinungen sperrt sich gegen jede sinnstiftende Durchdringung. Die Naturmotive des ersten Abschnitts umreißen symbolisch die Existenznot des Menschen, dessen Lebensweg am Ende aller Tage in die Dunkelheit einzumünden beginnt. Die weit entrückten Lichter vor Augen, taumelt er an den Küsten der Finsternis, im Bewußtsein des drohenden Scheiterns aller Hoffnungen.

Bobrowskis eigene Erfahrungen als Vertriebener und Heimatloser wirken wie so oft, vielfältig gebrochen, auch in dieses Gedicht hinein. Gegenwärtig sind im Strom die Memel, die weiten Wälder Ostpreußens und die geschichtsumwitterten Küsten der Ostsee, gegenwärtig aber nur im Gedicht, in der sprachlichen Geste elegischer Rückwendung. Heimatliche Landschaft ist beschworene Vergangenheit, aufgebaut aus wenigen markanten Versatzstücken, eine in der Sprache konservierte Idylle, die aber nach wenigen Zeilen schon wieder in Frage gestellt wird und zerbricht. Die schreienden Vögel am Himmel, orientierungslos kreisend in der Dunkelheit, deuten auf Unruhe und Unbehaustheit, Sinnbilder des homo viator, dem es nicht beschieden ist, an einem Ort zu bleiben. Vertriebenwerden und Vertriebensein enthüllen sich im Symbol als menschliche Grunderfahrungen. Die Landschaft, die einmal Heimat war, versunken in Dunkelheit, zerfallen in einzelne Elemente, entgleitet dem Heimatlosen.

Am Ende des Wegs, den endgültigen Lebensabschied vor Augen, hält der Wanderer Rückschau, indem er sich zu dem bekennt, was ihm das Wichtigste war, was ihm innerlich geblieben ist. Das Gedicht verleiht ihm Stimme. Im Rollen-Ich des Wanderers ringt der Mensch in einer entscheidenden Phase seines Daseins nach Worten, versucht sich Rechenschaft zu geben über den Wert des eigenen gelebten Lebens. Menschliches Sein bedeutet vor allem Zuwendung, Öffnung zum Nächsten, die uneingeschränkte Bejahung des Mitmenschen. Nur, wo Menschen in gegenseitiger Zuneigung zusammenkommen, sind Hilfe und Geborgenheit, breitet sich das Gefühl des Heimatlichen aus. An die Stelle des akustischen Sinnerlebens tritt der verinnerlichende Rückzug als Antwort auf den Verlust des sinnlich Erlebbaren.

In Anlehnung an die Worte des Evangelisten „Klopfet an, so wird euch aufgetan." bekennt sich der Wanderer zur Grundhaltung des Bittens und zum Vertrauen auf den Nächsten. Die Erfahrung, daß Bitten, Suchen und Anklopfen nicht umsonst waren, ist die Summe eines mitmenschlich erfüllten Lebens. Für den Menschen auf der Wanderschaft zählen nicht Besitz und tote Werte, sondern allein die lebendigen Beziehungen, die er angeknüpft hat, die Empfindungen, aufgehoben gewesen zu sein in der Zuwendung zum andern.

Die Lehren, die Jesus nach Lukas seinen Jüngern erteilt hat, haben sich in der Lebenspraxis des Wanderers erfüllt, seinem Dasein Richtung und Sinn gegeben. Lenkt der einleitende Abschnitt noch ohne die ausdrückliche Gegenwart des Menschen den Blick auf den Raum zwischen dem Strom und den Wäldern bis hinauf zum Himmel und zu den Sternen, so kommt im mittleren Abschnitt der Mensch allein zu Wort, der in diesem Raum zu Hause war und ihn aus der Rückschau mit erinnernden Sinnen durchmißt.

Die Landschaft selbst aber, so wie sie einleitend Gestalt gewinnt, bleibt ohne die Anwesenheit des Menschen leer. Im bloßen Nebeneinander der Dinge spiegelt sich der verlorene Sinnzusammenhang. Die nominale Evokation vermag keine tieferen Bezüge und Verknüpfungen herzustellen. Mensch und Raum scheinen für immer getrennt. Auseinandergebrochen ist die heimatliche Landschaft in wenige Versatzstücke, reduziert auf das verinnerlichte Hörerleben. Die getrennte Vorstellung des Raums und des Menschen in den beiden ersten Abschnitten unterstreicht deren Entfernung voneinander.

Doch sein Vertrauen auf die bezwingende Macht des Bittens führt den Wanderer im dritten, abschließenden Abschnitt zur entscheidenden, alles Trennende aufhebenden Begegnung. Am Ende seines Wegs des Suchens und Bittens steht die Gewißheit, daß jedes Tor offensteht. Ausdrücklich eingeladen, umfangen ihn Gastfreundschaft und Geborgenheit. Wie jener Mann im Evangelium darf der Mensch niemals aufhören zu begehren. Nur die nie verstummende Sehnsucht nach Begegnung und Versöhnung vermag die Erfüllung, die Aufhebung des Trennenden herbeizuzwingen.

Das lyrische Subjekt, das den Wanderer im abschließenden Abschnitt unmittelbar anspricht, erweist sich als Kommunikationspartner, der den einzelnen aus der Vereinsamung in die Zweisamkeit des Gesprächs führt und der zugleich als der um die geheimen Zusammenhänge Wissende ihn und mit ihm den Leser zu Mitwissern machen möchte. Beispielhaft gibt sich das Gedicht als Dialog des Dichters mit dem Leser in der Rolle des Wanderers zu erkennen. Im Besitz tiefer existentieller Wahrheiten bietet der Dichter seinen Lesern die Chance, ihrer inne zu werden. Der Dichter wird wieder zum Seher, sein Gedicht zur Beschwörungsformel, die er seinen Lesern in den Mund legt.

Beschworen werden, eingebettet in die Dialogsituation, die erlösenden Harmonien des nur scheinbar Getrennten. Indem der Dichter die Formel vorspricht und der Leser sie lesend bzw. sprechend aufnimmt, wachsen beide über die gemeinsame Sprache zusammen, fügen sich plötzlich Mensch und Raum wieder zur Einheit. Innig verbunden erscheinen der Strom und die Wälder. Das Tönen des Stroms ist auf die Wälder, deren Atmen auf den Strom übergegangen. Die Lebensäußerungen erweisen sich als austauschbar. Nur das inchoative Präfix „er" taucht weiterhin in Verbindung mit dem Strom auf, doch jetzt vor dem Verb „atmen", das vorher den Wäldern zugeordnet war, so daß eine neuerliche enge Verknüpfung entsteht. Kühn ist die Verbindung von Strom und Himmel über die verbale Metapher der durchfliegenden Fische. Oben und unten scheinen nicht länger getrennt. Himmel und Erde gehen ineinander über. Aus den Vögeln sind im Prozeß metaphorischer Verwandlung die Fische geworden.

Verschwunden sind die Küsten der Finsternis, von der Finsternis selbst keine Spur mehr. Aufgehoben ist die Entfernung der Sterne vom Himmel. Der Eindruck eines lichtdurchfluteten Raums entsteht, verschmolzen ist der Himmel mit den Feuern der Sterne. Auffällig ist das Hervortreten der Verben im Unterschied zum überwiegend nominalen Ausdruck des ersten Abschnitts. Sinnfällig wird die Bewegung, die das Nebeneinander der einzelnen Dinge und Erscheinungen auflöst und in ein harmonisches Ineinander überführt. Nichts ist länger in sich abgeschlossen.

Über die liebende Zuwendung des Menschen zum Mitmenschen vermittelt, erscheinen nun die Elemente des Lebens, Erde und Himmel versöhnt. Dem Einsamen zerbricht die Welt in Einzelstücke, die sich erst in der Gemeinschaft mit dem Du wieder zur Einheit fügen. In der im Medium dichterischen Sprechens harmonisch versöhnten Schöpfung findet der Wanderer am Ende seines Wegs die lang ersehnte Heimat, den Raum unzerstörbarer Geborgenheit.

Bedeutungsvoll scheinen die Zeilenzahlen der einzelnen Abschnitte. Während die rahmenden Teile aus jeweils sieben Zeilen gebildet sind, umfaßt der mittlere Teil nur vier. Sieben ist nach altem spekulativen Denken Summe der himmlischen Drei und der irdischen Vier und steht symbolisch allgemein für Totalität, im Gedicht für die Totalität von Kreatur und Naturraum, der sowohl die Erde wie den Himmel, Immanenz und Transzendenz umschließt. Erscheint das Ganze im ersten Abschnitt unter dem Aspekt des Getrennten, so im letzten unter dem Aspekt der Einheit. Vier bezeichnet die menschliche Wirklichkeit, die im mittleren Teil noch isoliert, abschließend wieder mit dem Ganzen verschmilzt.

Im Erleben der Einheit der Welt und ihrer Elemente findet der einzelne, der homo viator, zum Urvertrauen und zur Geborgenheit zurück, indem er in der umfassenden Harmonie der Schöpfung seine eigentliche Heimat erfährt, die auch ihn nicht verlorengehen läßt. In der erfüllten Begegnung mit dem Du, in der Erfahrung der geheimen Verwandtschaft aller Erscheinungen, wird der einzelne des eigenen Zusammenhangs mit dem Ganzen inne.

Unverkennbar ist die religiöse Grundierung des Gedichts. Im „Rufer“ erscheint dem Menschen am Ende eines christlichen Lebenswegs des Suchens und Bittens und der vorbehaltlosen Zuwendung zum Nächsten Christus selbst und lädt ihn, zu Tisch bittend, ein zu immerwährender Gemeinschaft, aus der es keinen Aufbruch mehr geben wird. Die beschwörende Geste des Gedichts überwindet den Trennungsschmerz des Heimatlosen, läßt Mensch und Raum, Kreatur und Schöpfung wieder zusammenwachsen und macht das in der Sprache der Dichtung wiedergewonnene Land Sarmatien zur Chiffre für die ewige Heimat.

Rose Ausländer:

Abendstern

Staunend aus dem Schlaf gestiegen
Wimpern bereift von Traum und Legende
unverletzt von stärkeren Sternen
(den späteren Geschwistern)
lauter wie Licht im Kristall:
Abendstern – erster Versuch ein Licht zu sein
zwischen Tag und Nacht

Jetzt kommen sie
durchstechen das Dunkel
umfreunden dich

Stört dich der Mond
blutrund, berauscht von der eignen Pracht
dann silbern entblutet, fast weiß
von der steten Anstrengung des Steigens?

Auf der Wasserbrust ruht er
lächelt dir zu bis ein Stein ihn trifft
Explosion des Mondes im Wasser
sein Licht zerstiebt
auf zerrissenen Wellen

Erschrick nicht. Heil ist sein Licht
auch deines im Spiegel
wieder heil und hell
das Wasser schlummert
intakt ist die Nacht
still dein Gesicht aus
Staunen und Strahl

(Aus: Rose Ausländer: Im Atemhaus wohnen. Gedichte. Frankfurt/M. 1981. S. 23.)

Das Gedicht „Abendstern“ der im Alter von achtzig Jahren am 3. Januar 1988 in Düsseldorf verstorbenen, deutschsprachigen jüdischen Lyrikerin Rose Ausländer, geboren wie Paul Celan in Czernowitz in der Bukowina, steht in dem 1965 erschienenen Gedichtband „Blinder Sommer“. Es kann in Form und Aussage als repräsentativ im lyrischen Gesamtschaffen Rose Ausländers gelten. Zweifellos ist es ein großes Gedicht in einem Werk, von dem die Germanistik, im Unterschied zur Literaturkritik, bisher bestenfalls nur am Rande Notiz genommen hat.

Zunächst beschreibend, noch in gewissem Abstand, dann in unmittelbarer Ansprache, nähert sich das lyrische Ich dem Abendstern, der Venus, dem Gestirn der altmesopotamischen Liebes- und Muttergottheit Ischtar, dem Stern, der zugleich als Morgenstern auch als Lichtträger verehrt wurde und den man als den anmutigsten und liebreichsten unter den Planeten von alters her mit der Schönheit der Schöpfung überhaupt verband. Das aufgestiegene, von Traum und Legende umrankte Gestirn offenbart tiefe, fundamentale Wahrheit, archetypisches Naturzeichen, in dessen kosmischem Licht und kristallener Reinheit mythischer Sinn aufscheint.

Noch wie im Mythos sind Erscheinung und Wesen, Bild und Begriff eins. Staunen ist Ausdruck naiven Erlebens, der Unmittelbarkeit spontaner Erfahrensweise vor jeder Reflexion. Als Abendstern sichtbar am Westhimmel nach Sonnenuntergang und am Osthimmel als leuchtender Morgenstern vor Sonnenaufgang, umspannt die Venus den ganzen Umfang dessen, was ist, Sinnzeichen der Totalität, das das Sein in seiner kosmisch erhabenen Weite, seiner Unwandelbarkeit und Unsterblichkeit nicht nur bedeutet, sondern selber ist. Der Abendstern ist die sinnliche Erscheinungsform des mythisch beseelten Lebensgesetzes, der in sich selbst und im All ruhende Seinsgrund.

Auffällig treten die Verben, insbesondere die intensiven Aktionsarten, zurück. Neben dem dominanten nominalen

Ausdruck und der prädikativen Elision stechen die perfektiven und durativen Aktionsarten hervor. Partizipialformen und die Wendung „erster Versuch ein Licht zu sein“ verweisen auf bereits Vollzogenes und Vollendetes, auf die Gegenwart des über alle Zeiten hinweg Dauernden. Die Zeilen der einleitenden Sinneinheit, noch ganz im Anschauen und Beschreiben verharrend, ruhen in sich, scheinen in sich abgeschlossen, ohne die Tendenz, syntaktisch über sich hinauszudrängen. Zwischen Tag und Nacht hält sich das Leben die Waage, ist alles aufgehoben in einem von innen heraus erfüllten, zur Ruhe gelangten Zustand.

Alle anderen Erscheinungsformen des Lebens streben zentripetal hin zu dem im Abendstern verkörperten Seinsgrund. In der ungewöhnlichen Verbbildung „umfreunden“ spiegelt sich der in sich abgeschlossene Kosmos mit der Liebe im Zentrum und seinen diesem Zentrum freundlich zugeneigten Gliedern. Die abrupt hervorbrechende äußere Bewegung („durchstechen“) der Sterne kommt im Umfreunden, im inneren Vorgang der Zuneigung zur Ruhe. Mit den Sternen wendet sich das lyrische Subjekt, nun mit persönlicher Geste, dem Abendstern zu. Auf die noch distanzierte, von der Faszination jedoch bereits eingegebene Beschreibung, folgt die vertraute, persönliche Ansprache, Ausdruck innerer Verbundenheit mit dem mythisch erlebten Kern des Seins. Begegnung mit dem Du bedeutet innere Erfüllung.

In den venuszentrischen Kosmos fügt sich schließlich auch der Mond. Wie die Sterne kommt er in der stillen, klaren Zuwendung zum Zentrum zur Ruhe. Sein strahlend weißes Licht versinnbildlicht die letztliche Überwindung des vorwärtsdrängenden, pulsierenden Lebenstriebs, anschaulich in der zunächst irritierend berauschenden, blutrunden Pracht. Für einen Moment unterbricht der Fragesatz den ruhigen syntaktischen Fluß. Am Ende des Steigens und der Anstrengung steht das Einschwingen in die unwandelbare, alles in sich einschließende, zentrale Seinsordnung. Im Zenit seiner Entwicklung wird sich das Seiende seiner Identität mit dem Sein bewußt und findet nach der Phase des Wechselnden und Werdens seine Vollendung im Bleibenden und Beharrenden.

Identisch wie Erscheinung und Wesen sind nun Abbild und Urbild. Das sich im Wasser spiegelnde Gestirn ist nicht bloßer Reflex, sondern, nahegelegt durch die Formulierung „Auf der Wasserbrust ruht er“, der Mond selbst, eins mit seiner Erscheinung am Himmel, uraltes, an den Mondphasen orientiertes Symbol zyklischen Werdens. Sich spiegelnd im Wasser, ist er Spiegel des Lebens, das über dem der Venus zulächelnden Mond wie alles Seiende im Kern identisch ist mit dem kosmischen Seinsgrund. Das Kompositum „Wasserbrust“ verweist dabei auf die Quelle des Lebens und zugleich auf die ihm zuteil werdende mütterliche Fürsorge. Himmel und Erde, Sein und Seiendes verschmelzen durch die geheime Identität von Urbild und Abbild zu einem immanenten, nur mit sich selbst identischen Kosmos. Eins wie Erscheinung und Substanz sind Gespiegeltes und Spiegelndes, Manifestation des noch nicht entzweiten mythischen Bewußtseins.

Der Steinwurf, plötzlich einbrechend in der Mitte der Zeile, markiert die scheinbare Zerstörung solchen Bewußtseins, das Auseinanderfallen von Urbild und Abbild in konfusen, zerrissenen Widerspiegelungen, Folge eines von außen, in die kosmische Einheit eingreifenden, aggressiven Akts der Entzweiung. „... bis ein Stein ihn trifft“ ist im ruhigen syntaktischen Nebeneinander der einzige voll ausgebildete Gliedsatz mit der intensiven Aktionsart „trifft“ in Prädikatsstellung. Der parabolische Vorgang verweist im hermetischen Bild auf das Eindringen des rationalen Bewußtseins, auf die vorübergehende Usurpation des Mythos durch den Logos.

Doch im Gedicht ist die Phase der Entzweiung nur Episode, ein Augenblick flüchtiger Irritation, verschuldet durch ein von außen eingreifendes Handeln. Wie der Steinwurf das Spiegelbild im Wasser zumindest momentan unkenntlich machen kann, so daß jegliche orientierende Identifikation mit dem Urbild ausgeschlossen ist, so vermag das rationale Bewußtsein im Zuge einer Art Selbstverwirrung die mythische Wahrheit zu verunklaren, wenn auch nur auf kurze Frist. Unmittelbar nach dem irritierenden Ereignis kehrt das Gedicht bereits wieder zur klar überschaubaren Parataxe zurück. Im beruhigten Wasser spiegeln sich erneut Mond und Abendstern, als wäre nichts geschehen. Wieder aufgenommen wird die kurz abgerissene Verbindung durch das lyrische Ich in der adhortativen Formel „Erschrick nicht." Das Satzzeichen, im Gedicht äußerst sparsam verwendet, markiert den Schlußpunkt hinter dem störenden Einbruch.

Aufs neue fügen sich Abbild und Urbild zur unverbrüchlichen Einheit. Das Heile offenbart sich nur im heilen Spiegel, das rational entzweiende Bewußtsein reflektiert lediglich die selbst herbeigeführte Entzweiung, den rationalen Schein anstelle des unzerstörbaren mythischen Seins. „Intakt" ist das „Gesicht aus Staunen und Strahl", das Gestirn der Liebes- und Muttergottheit Ischtar, der unwandelbare Seinsgrund, beschädigt war nur das vom Logos einseitig usurpierte Bewußtsein, kurzfristig durch eigenes Verschulden unfähig, die über alle Zeiten hinweg dauernde Einheit zu spiegeln, so kurzfristig und ephemer allerdings wie das flüchtig aufgeregte Wasser, daher im Grunde belanglos. Staunen steht am Anfang und am Ende, die naive Intuition, das unmittelbare Innewerden des Seinsgrunds.

Ähnlich wie in den einleitenden Zeilen dominiert in der abschließenden Sinneinheit der nominale Ausdruck. Das Verb tritt zurück, intensive Aktionsarten fehlen ganz. In den alliterierenden Formeln „heil und hell" und „Staunen und Strahl" spiegelt sich der wiederhergestellte Gleichklang. Nicht zufällig scheint, daß sowohl die erste wie die letzte Sinneinheit sieben Zeilen umfassen. Sieben ist alte Symbolzahl für Totalität. Das Kreisen der sieben Planeten galt als Sinnbild kosmischer Ordnung. Insofern setzen sich auch die zweite und die dritte Sinneinheit, die von den Sternen bzw.

vom Mond handeln, ebenfalls zu insgesamt sieben Zeilen zusammen. Lediglich die vorletzte Sinneinheit, in der die Ganzheit vorübergehend zerbrochen zu sein scheint, weicht mit ihren fünf Zeilen defizitär von der vorherrschenden Siebenzahl ab, ist also in ihrer Ganzheit beschädigt.

Aus dem zunächst beobachtenden, dann vertraut sich zuwendenden wird zum Schluß ein tröstend beschwichtigendes Ich, erfüllt von der Gewißheit unzerstörbarer Totalität. Im Gedicht ist die tiefste Wahrheit aufgehoben. Wie sich im Wasser der Abendstern als der eigentliche Seinsgrund spiegelt, so spiegelt sich im Gedicht die ewige Wahrheit. In der lyrischen Parabel gewinnt der nur bildlich anschaubare Mythos Gestalt. Nicht in Begriffen und rationalen Abstraktionen erschließt sich der Sinn, sondern nur im bildhaft konkreten Erleben der Ganzheit. Die lyrische Parabel ist bildliche Sinndeutung und als solche zugleich eins mit dem Mythos, Ausdruck des mythischen Bewußtseins des Dichters angesichts einer in Bild und Gedanken, Erlebnis und Reflexion zerfallenen Welt.

In der Lyrik Rose Ausländers erhält die Dichtung ihre fundamental sinnerfüllende Aufgabe zurück, die intuitive Fähigkeit, die Identität von Erscheinung und Substanz zu verstehen, zu erkennen, daß alles Existierende seinen unwandelbaren Grund hat, mit dem es unsterblich verbunden ist. Fern von befristeten Kunstströmungen wird das Gedicht zum Träger zeitloser Wahrheit, zum Medium subjektiven Innewerdens objektiven Seins. Erst in der intuitiv verstehenden Begegnung mit dem Seinsgrund, in der entgrenzenden Öffnung zum Du, wird sich das Subjekt seiner selbst bewußt und tritt ein in die Zwiesprache mit dem, was unzerstörbar ist und das, einmal verstanden, den Verstehenden einschließt.

Nach chassidischer Vorstellung kann die Sinnlosigkeit des Seins nur überwunden werden durch den Menschen, der in verstehender Liebe seiner inne wird und es im Akt des Verstehens heiligt, d.h. heilmacht. Das Gedicht der jüdischen

Dichterin Rose Ausländer, eine unter fünftausend Juden, die von ursprünglich sechzigtausend das deutsche Massaker von Czernowitz überlebte, ist angesichts einer heillosen Geschichte und des blutigen Nazi-Terrors, dem am eigenen Leibe erfahrenen Kriegsinferno zum Trotz, Bekenntnis zur Unzerstörbarkeit und Ganzheit des Lebens. Vertrauend auf die Totalität und Ewigkeit des Seins, wird Kunst zur Trostgebärde in einer von Beschädigung bedrohten und real beschädigten Welt, die des Vertrauens und des Trostes unablässig bedarf.

Sarah Kirsch:

Im Sommer

Dünnbesiedelt das Land.
Trotz riesigen Feldern und Maschinen
Liegen die Dörfer schläfrig
In Buchsbaumgärten; die Katzen
Trifft selten ein Steinwurf.

Im August fallen Sterne.
Im September bläst man die Jagd an.
Noch fliegt die Graugans, spaziert der Storch
Durch unvergiftete Wiesen. Ach, die Wolken
Wie Berge fliegen sie über die Wälder.

Wenn man hier keine Zeitung hält
Ist die Welt in Ordnung.
In Pflaumenmuskesseln
Spiegelt sich schön das eigne Gesicht und
Feuerrot leuchten die Felder.

(Aus: Sarah Kirsch: Rückenwind. Ebenhausen bei München 1977. S. 51.)

Das Gedicht ist entnommen der Sammlung „Rückenwind“, erschienen 1977, in dem Jahr, in dem Sarah Kirsch ihren Ausreiseantrag stellte und nach Westberlin übersiedelte. Alle Gedichte dieses Bandes sind noch in Ostberlin entstanden, dem Wohnsitz der Lyrikerin seit 1968. Heute lebt sie bei Friedrichstadt in Schleswig-Holstein. Eine Domäne von Sarah Kirsch ist das Natur- und Landschaftsgedicht. Nicht länger aber steht die Landschaft als Trägerin eines tieferen, überlegenen Sinns im Vordergrund, in dem der Mensch problemlos aufgehoben ist, sondern die in aller Regel problematische Beziehung zu ihr. Ein gebrochenes Verhältnis zwischen Hoffnung und Angst, beseligender Sehnsucht und schlimmer Vorahnung gewinnt Gestalt. Die Idylle scheint mehr Wunsch als Wirklichkeit. Im subjektiven Schwebezustand des Gedichts halten sich illusionsloser Ausblick und idyllisches Bewußtsein für einen Augenblick die Waage.

Nüchterne Beschreibung leitet die Verse ein, ein empirisches Faktum wie aus einem Geographiebuch. Weniger der Eindruck beglückender Abgeschiedenheit will sich einstellen als Bedrückung angesichts der menschenleeren Verlassenheit dieses Landstrichs. Eine Stimmung der Öde breitet sich aus, eingefangen in dem rein nominalen Ausdruck mit der vorangestellten allgemein charakterisierenden Aussage. Menschenleer sind die riesigen Felder, unpersönlich, anonym die Maschinen. Mit wenigen Strichen entsteht die Wirklichkeit landwirtschaftlicher Genossenschaften, faßbar in den endlosen Felderzusammenlegungen und dem vorherrschenden Maschinenbetrieb. Verplante Landschaft und rationales Kalkül weisen alle Anteilnahme ab, lassen die Sprache in der Wiedergabe bloßer Fakten nüchtern erstarren. Und doch macht sich bereits in der zweiten Zeile eine Gegenbewegung bemerkbar. Durch die vorangestellte konzessive Präposition „trotz“ erscheinen sowohl die Menschenleere der riesigen Felder als auch die Anonymität der Maschinen nicht ausreichend, um das andere, das von den Dörfern ausgeht, vergessen oder gar zunichte zu machen.

Die nüchterne Beschreibung geht über in die idyllische Schilderung. In nun voll ausgestalteter Syntax entsteht das Bild dörflichen Friedens. Die Szene belebt sich. Mit der Erwähnung des Dorfs verbinden sich Vorstellungen von Menschen, die dort wohnen, ausdrücklich genannt werden die Katzen. Fühlbar ist das Verhalten der Menschen zu ihnen. Der nüchtern beschreibende Sprachduktus weicht in der Wendung vom schläfrigen Dorf einer bildlich verlebendigenden Ausdrucksweise. An die Stelle des Weiten und Rationalen treten mit den Buchsbaumgärten das Eingegrenzte und das zwecklos Schöne. Idylle setzt die Gemeinschaft von Mensch und Tier in abgeschirmten Räumen voraus. Gegenwärtig aber bleibt der Kontrast zwischen den öden, menschenleeren Feldern und den leblosen Maschinen auf der einen und der Dorfidylle auf der andern Seite. Lebloses grenzt an Leben, Leere an Erfüllung, unmittelbar, ohne Übergang, syntaktisch eng verknüpft in einer Sinneinheit. Moderne sind immer bereits gefährdete Idyllen, bedroht von der sie einschließenden, sich ausbreitenden menschenleeren Öde. Versagt scheint dem modernen Dichter die Gestaltung insularer Selbstgenügsamkeit. Der einleitende Ausblick auf das Umfeld schränkt die Idylle prinzipiell ein und läßt sie weniger als Fluchtwelt denn als akut gefährdeten Raum erscheinen, über den die von außen andrängende Entwicklung bald schon hinwegschreiten kann. Sarah Kirsch entwirft in der ersten Sinneinheit in schlichter Sprache und elementarer Anschaulichkeit das bedrückende Bild einer Welt, die den Menschen zusehends an den Rand drängt, überkommene Lebensordnungen mit Auflösung bedroht und die Entfremdung unter dem Zwang von Produktivität und Rationalität vorantreibt.

Noch aber gelten die alten Rhythmen. Ungebrochen scheint das Glück, das die fallenden Sterne, die Sternschnuppen im August, die sogenannten Laurentiusschwärme, verkünden. Die Menschen fahren fort, in ihren überkommenen Vorstellungen zu leben, gehen im Zyklus der

Jahreszeiten ihren alten Bräuchen und gewohnten Handlungen nach. Selbst die Tierwelt scheint noch intakt. Gefährdete, aus ihren angestammten Gebieten längst vertriebene Tierarten wie Graugans und Storch sind hier weiterhin heimisch. Verräterisch jedoch sind Formulierungen wie „noch fliegt die Graugans“ oder Hinweise auf den Storch, der durch „unvergiftete Wiesen“ spaziert. Unübersehbar ist die reale Bedrohung der Idylle, die sich anbahnende abschüssige Entwicklung. Die andrängende Gefährdung bleibt gegenwärtig, wird nicht einfach wegretuschiert, sondern schlägt sich in verräterischen sprachlichen Wendungen nieder. Die Verneinung des Zerstörerischen, Tötenden in der Wortwahl „unvergiftet“ ruft die Realität des Verneinten andernorts illusionslos wach und verhindert die Ausblendung des allgemein problematischen Zustands.

Der abschließende Ausblick nach der Darstellung von Mensch und Tier knüpft mit seiner vertikalen Blickführung wieder an die erste Zeile an. Aber das naive Vertrauen auf das Glück in Anspielung auf den Volksglauben der Sternschnuppen scheint nun deutlich gebrochen. Die vorangestellte Interjektion „Ach“ rückt die nachfolgende Aussage in die Perspektive des Elegischen. Für sich genommen ist das Bild der über die Wälder fliegenden Wolkenberge von grandioser Schönheit. Erde und Himmel, die emporwachsenden Bäume und die Wolken, im Vergleich den hochragenden Bergen nahegerückt, Schweres und Leichtes scheinen in dem Bild vereint. Für einen Augenblick verschmelzen oben und unten. In einer umfassenden Gesamtschau entsteht das Bild einer Ganzheit. Aber es ist eben nur der Augenblick. Flüchtig wie die Wolken und ihr Flug sind Bild und subjektiver Eindruck. Der Vergleich „Wolken wie Berge“ bildet den poetischen Versuch, dem Flüchtigen Festigkeit zu geben. Aber der Versuch ist von vornherein zum Scheitern verurteilt. Nur lose ist die Verbindung, die der Vergleich herzustellen vermag. Der Eindruck des Flüchtigen ruft die Assoziation mit der Vergänglichkeit der Idylle wach, die, so dem

Zeitempfinden unterworfen, ihr fragloses Glück einbüßt. Trügerisch sind die Verheißungen fallender Sterne. Was bleibt, sind Beunruhigungen und Fragen. Wie lange noch wird die Graugans fliegen? Wie lange noch werden die Wiesen vom Gift verschont bleiben? Werden die Wälder den wachsenden Belastungen standhalten können? Mehr und mehr droht die Idylle in die Vergangenheit zu entrücken, Gegenstand elegischer Erinnerung zu werden, während die gesichtslose Gegenwart, die Zeit anonymer Ausdehnung und mechanischer Erstarrung unaufhaltsam vordringt.

Der moderne Natur- und Landschaftslyriker sieht sich angesichts realer Entwicklungen, vor denen er nicht länger die Augen verschließen kann, außerstande, ungebrochene Idyllen zu zeichnen. In versuchten Annäherungen und Distanzierungen bildet sich zeitgenössisches, von der eigenen Zeit tief betroffenes Bewußtsein ab. In den Versuchen aber, die Schönheit der Idylle trotz allem wachzuhalten, sie nicht resignierend preiszugeben, offenbart sich die Sehnsucht des Lyrikers nach der schon verlorengegangenen und weiterhin verlorengehenden Lebensganzheit.

Die abschließende Sinneinheit hält die Erinnerung wach, auch wenn bereits keine Hoffnung mehr zu bestehen scheint. Bedeutungs- und aussagetragend ist der einleitende Bedingungssatz. Nur unter der Bedingung, daß keine Zeitungen gelesen werden, die Tageswirklichkeit also ausgeblendet wird, ist die Welt noch in Ordnung. Aber diese Ordnung existiert nicht länger in der Welt, sondern nur noch im Bewußtsein derer, die sich verschließen in ihren Buchsbaumgärten, so tun, als gäbe es die Maschinen und die riesig sich ausdehnenden Felder gar nicht, die unaufhaltsam auf sie zuwachsen und sie zu erdrücken drohen. Das Unwirksame eines solchen Verhaltens liegt auf der Hand, und doch ist die Erinnerung an das idyllisch Schöne wahr und real zugleich, nur daß es eine Schönheit auf dem Rückzug ist, die vielleicht schon bald ganz der Vergangenheit angehören wird. Noch einmal fängt das Gedicht die erfüllten Augenblicke in leuchtenden Bildern ein. Das Gesicht im Spiegel der Pflaumenmuskessel ist Ausdruck der Einheit von Mensch, Heimat und Natur, eine ganz selbstverständliche, in der Tradition aufgehobene Synthese, die indes unter der vorangestellten Bedingung unwirklich zu werden beginnt, es im Grunde bereits längst ist. Doch nur eingebettet in elementare Lebensvollzüge, lebt der einzelne wirklich, findet er seine Erfüllung. Das Spiegelbild ist Ausdruck menschlicher Identität. Aber auch dieses Sinnzeichen ist wie nahezu alle sprachlichen Erscheinungsformen des Gedichts ambivalent. Neben dem Eindruck der Identität von Abbild und Urbild stellt sich schon bald der Eindruck des Flüchtigen ein. Vorübergehend, nur von kurzer Dauer ist die Spiegelung selbst, eine momentane Sensation.

Ambivalent ist ebenfalls das Schlußbild der feuerrot leuchtenden Felder. Peter Hacks hat einmal von dem sogenannten „Sarah-Sound“ gesprochen und damit die pointierte Zuspitzung ihrer Gedichte gemeint, die spontane Assoziation eines Happy Ends. In der Tat spiegelt das Schlußbild die scheinbar ausschließlich schöne Sinnesempfindung sonnendurchglühter Natur in vital gesättigter Farbgebung. Doch auch noch die letzte Zeile steht unvermindert im Einflußbereich des konditionalen Eingangs, selbst wenn die einschränkende Bedingung ferner gerückt ist. Darüber hinaus knüpft das Motiv der Felder wieder an die erste Sinneinheit an. Dort waren es in weniger positiven Sinngebung noch die „riesigen Felder“, die auf trostlose Öde verwiesen. Ausgespart sind zum Schluß die Maschinen. Ein Rückblick auf den Beginn wird indes auch sie kaum übersehen können. In dem Maße aber, wie die nüchtern anonyme Wirklichkeit in das idyllische Bild miteinbezogen wird, scheint die leuchtende Schönheit zu verblassen. Idyllische Aussagen sind im Kontext ständig von Auflösung bedroht. Vergleichbar bedroht und bedrängt ist das Leben in den Buchsbaumgärten, eingeschlossen in die bedrückende Riesenhaftigkeit der Felder, umstellt von der leblosen Herrschaft der Maschinen.

Doppeldeutig ist nicht zuletzt die Bezeichnung „feuerrot“. Neben der visuellen stellt sich die kausative Assoziation ein. Das Feuer ist nicht nur Farbträger, sondern zugleich auch zerstörendes Element, konstruktives und destruktives Sinnzeichen in einem. Gerade die Schlußzeile ist durch Aussparung (Maschinen), symbolische Ambivalenz und konditionale Einschränkung vielfältig gebrochen. Der „Sarah-Sound“ ist im wesentlichen gekennzeichnet durch ein doppeldeutiges Sprechen zwischen idyllischer Erfüllung und elegischer Aufhebung, ein im Grunde desillusionierendes Verfahren unter dem Andrang des Zerstörenden.

Das Gedicht ist jedoch trotz allem weder Fluchtgebärde noch klagender Abgesang. Untrüglich weist es auf die realen Gefährdungen hin, verschweigt sie an keiner Stelle und läßt sie in jeder Phase gegenwärtig sein. Unbeirrt aber von der beschädigten Wirklichkeit, ja gerade ihretwegen, hält es an der Ganzheit, am Schönen und Erfüllten fest, keineswegs als Illusion, sondern als etwas, das einmal war und vereinzelt noch ist, das nicht schon deswegen dem Unwirklichen, dem bloß Geträumten angehört, weil es fortwährend in Vergangenheit versinkt und ihr bald ganz verfallen sein wird.

Das Gedicht ist Erinnerung an das Schöne, an die erfüllte Einheit von Mensch, Heimat und Natur, an die vitale Symbiose des einzelnen mit seiner Landschaft. Wissend und trotzig hält das lyrische Ich den zunehmenden Beschädigungen stand, indem es in der gebrochenen Idylle inmitten der sich ausbreitenden Entstellung und angesichts wuchernder Mißgestalt immer auch auf die vergehende Schönheit verweist.

Die lyrische Erinnerung legt Spuren des Menschen und des Menschlichen in einer Welt, die den Menschen zunehmend aus ihrer Mitte verdrängt, sie wird nicht müde, die Ganzheit zu reklamieren, wo das Leben in Bruchstücke zerfällt. Nur wenn es gelingt, die Erinnerung an das schöne Menschengesicht im Spiegel des Gedichts wachzuhalten, an Zeiten und Lebensformen, in denen die Welt noch in Ordnung war, gibt es eine Überlebenschance, gibt es Hoffnung auf die Rettung der Idylle. Die Geschichtserfahrung des Gedichts ist angesichts beschädigter Wirklichkeit nicht geprägt vom Fortschritt, sondern von Kontinuität, von der dauerhaften Einheit des Lebendigen. Wie im Märchen hält das Gedicht die Hälfte des Rings bereit, der den zerbrochenen Kreis des Daseins wieder zu runden, d. h. das Dasein wieder heilzumachen vermag.

Hans-Ulrich Treichel:

Prometheus

Von weit her
schaue ich hinab auf eure
blutroten Landschaften.

Was kümmern mich
eure Geschäfte; der dunkle Atem,
der aus euren Städten schlägt. Was kümmert
mich das ewige Kriegsgeschrei.

Fern von euch
bin ich frei von euch.

Gebunden an die einzige meiner
Gewohnheiten: den immerwährenden Schmerz.
Gebunden an das einzige meiner Laster:
die Unsterblichkeit.

(Aus: Hans-Ulrich Treichel: Liebe Not. Gedichte. Frankfurt/M. 1986. S. 77.)

Hans-Ulrich Treichel, Jahrgang 1952, Träger des Leonce- und Lena-Preises des Darmstädter Literarischen März 1985, ist eine der großen lyrischen Begabungen der Gegenwart. Das „Prometheus"-Gedicht steht in seinem bisher letzten, 1986 bei Suhrkamp erschienenen Lyrikband „Liebe Not".

Prometheus, Wohltäter und Erzieher der Menschheit, ein Vorkämpfer humaner Zivilisation, mythische Figuration des Schöpferischen schlechthin, ist vor und nach Goethe immer wieder Gegenstand literarischer Bearbeitungen gewesen. Der Sohn eines Titanen und einer Göttin, der, indem er das Feuer aus dem Himmel stahl und es heimlich auf die Erde hinabbrachte, zum Rebellen gegen die Götter wurde, erschien als Verkörperung eines neuen immanenten Selbstbewußtseins, als Vorbild unerschrockener menschlicher Identität. Treichels Bearbeitung des Stoffs nimmt auf der einen Seite Inhalte des Mythos auf, auf der andern weicht er in bemerkenswerter Weise vom traditionellen Verständnis ab.

In Anlehnung an die mythische Überlieferung, nach der Zeus den Frevler an eine Felsenspitze im Kaukasus schmieden ließ, ist Prometheus von allem gesellschaftlichen Treiben weit entrückt. Hoch über den Menschen, von einem gleichsam archimedischen Punkt aus, hat er einen allumfassenden Überblick. Das lyrische Ich in der Rolle des Titanen blickt herab aus der Vogelperspektive. Ausgespart ist das Motiv des Adlers, der die über Nacht nachgewachsene Leber Tag für Tag wieder heraushackt. Weniger körperlich als geistig-seelisch bedingt ist das Leiden des einstigen Wohltäters der Menschheit. Als entscheidend für die moderne Adaption erweist sich zunächst vor allem die Perspektivik, die einen umfassenden Einblick in das Geschehen auf der Erde erlaubt. Das lyrische Rollen-Ich spricht aus der Ferne zu den Menschen, aus der Selbstisolation, unter Verzicht auf jegliche aktive Teilnahme, nur noch distanziert beobachtend. Aus dem einstigen Wohltäter ist ein kritischer Betrachter der menschlichen Szene geworden.

Die dritte Zeile des ersten Abschnitts spielt versteckt auf

die eigentliche prometheische Gabe an. Doch das vitale Rot des Feuers hat sich längst in das blutige Rot der Landschaften verwandelt. Konstruktives ist in Destruktives umgeschlagen, der Segen in die Katastrophe. Unheilvoll leuchtet der Blutschein der Gewalt über der Welt der Menschen, vorausweisend auf die schlimmstmögliche Wendung. In der negativen Fixierung des ambivalenten Feuersymbols spiegelt sich eine heillose Entwicklung zum Ende. Schroff setzt sich das prometheische Ich von den andern ab, durch die Anrede in der zweiten Person Plural jegliche Gemeinsamkeit abwehrend mit denen, die fortgesetzt ihren eigenen Untergang betreiben.

Zwei rhetorische Fragen, streng parallel gebaut, mit der anaphorischen Wiederaufnahme identischer Satzteile, formulieren die Gründe für die vollzogene Abkehr. Von oben, aus der Vogelperspektive, scheint die menschliche Szene beherrscht von Geschäften und Krieg. Die Apposition „der dunkle Atem“ entwertet die Geschäfte, denen sie als dem eigentlichen Bezugswort beigefügt ist. Das in diesem Zusammenhang ungewöhnliche Verb „schlägt“ verweist auf das aggressiv Zerstörerische des Vorgangs. Im dunklen Atem, Folge einer verantwortungslosen, nur noch dem Gewinnkalkül verschriebenen Geschäftemacherei, spiegeln sich die katastrophalen Umweltbelastungen einer hemmungslos expandierenden Wirtschaft. Unfähig scheinen die Menschen, das prometheische Geschenk maßvoll zu nutzen. Im Rausch maßloser, ungeheure Mengen von Energie verschlingender Überproduktion schüren sie das im Grunde segenbringende Feuer zum verhängnisvollen Weltenbrand. Den Produzenten wie den Konsumenten droht im Gefolge der wahnwitzigen Steigerung des Wirtschaftswachstums im selbstfabrizierten dunklen Atem, in den Ausstößen einer verhängnisvollen Produktion, unweigerlich der Erstickungstod.

Der Anklage des wirtschaftlichen Egoismus folgt die Anklage des Egoismus der Macht und der Gewalt, mit der die eigenen Interessen brutal durchgesetzt werden. Auch hier erweisen sich die Menschen ihrem Gönner, der sie in großzügig selbstloser Geste beschenkte, als in jeder Weise unwürdig. Im Gerangel von Geschäfts- und Machtinteressen glaubt jeder seinen eigenen Vorteil zu befördern und betreibt in selbstzerstörerischer Ironie doch nur seinen eigenen Untergang. Die Zivilisation, die Prometheus einst einleiten wollte, ist längst umgeschlagen in den Zustand äußerster Barbarei. Das prometheische Geschenk ist zu einem Instrument beispielloser Vernichtung pervertiert.

Dem, der die Menschen einst geliebt hat, ihre Humanisierung vorantreiben wollte, bleibt nichts anderes, als sich ohnmächtig abzuwenden von einer Entwicklung, die, heraufbeschworen durch die unbelehrbare menschliche Selbstsucht, nicht mehr umkehrbar erscheint. Freiheit von der Barbarei kann es nur geben im Verzicht auf alle, ohnehin zum Scheitern verurteilten Versuche zu bessern, in der selbstgewählten Isolation. Der dritte Abschnitt kehrt endgültig zur Situation des lyrischen Ich zurück, nachdem im zweiten die depravierte menschliche Gesellschaft beleuchtet worden war. Der Blick in die Tiefe wird zurückgewendet. In den alliterierenden, parallel gebauten Formeln „fern von euch" und „frei von euch" drückt sich der Wille nach endgültiger Distanz aus, der Wunsch nach einer Einsiedlerexistenz jenseits der gesellschaftlichen Korruption. Nur noch in der Anrede, nicht länger mit ihrem unheilvollen Handeln sind die menschlichen Barbaren gegenwärtig. Wie ein Riegel schieben sich die beiden Zeilen des dritten Abschnitts zwischen die katastrophale Bestandsaufnahme und die abschließende Selbstanalyse.

Vergleichbar mit den beiden vorausgehenden Abschnitten ist auch der abschließende Abschnitt zweigliedrig, wobei sich die einzelnen Glieder jeweils wie Bedingung und Folge zueinander verhalten. Haben ökonomische Interessen nicht selten kriegerische Auseinandersetzungen zur Folge – sprachlich sinnfällig gemacht durch die Zuspitzung des Plurals „Geschäfte" in den Singular „Kriegsgeschrei" – setzt die persönliche Freiheit die Ferne vom wüsten Treiben der Menschen voraus, so scheint der immerwährende Schmerz die Unsterblichkeit zu bedingen.

Der Schmerz, den der Prometheus der Mythologie Tag für Tag zu erdulden hat, ist das Leiden an einer depravierten Menschheit, an der unaufhörlichen, selbstzerstörerischen Hab- und Streitsucht. Es ist der moderne Prometheus, der schon bei Mary Shelley („Frankenstein or the Modern Prometheus“, 1818) sein Werk vernichten möchte, weil der Mensch nur allzubald korrumpiert wurde. Das Leiden an einer scheinbar unbelehrbaren und unverbesserlichen Menschheit entfernt Prometheus denkbar weit von dem Bilde, das sich noch die Renaissance von ihm gemacht hatte. War er seinerzeit für Boccaccio der Weise, begabt mit dem Licht der Wahrheit, der die Menschen Kunst und Wissenschaft lehrte, so entsagt der moderne Prometheus aus tiefster Resignation allen Versuchen zu ändern und zu bessern. An die Stelle des Glaubens an den Menschen sind Enttäuschung und Verzweiflung getreten, an die Stelle von Hoffnung und Zuversicht, Schmerz und Trauer. Der renaissancehafte Aufbruch ist gescheitert, so wie jeder Glaube an die Veränderbarkeit und Veredelung des Menschen scheitern muß.

Prometheus teilt das Geschick des modernen Dichters, der längst erfahren hat, daß alles Bemühen, den Menschen besser zu machen, ihn mit dem Feuer des Geistes zu läutern, angesichts der wirklichen Schlechtigkeit letztlich fruchtlos bleibt. Der schöpferische Titan des Mythos wird zur Figuration des an der geistlosen Gegenwart verzweifelnden Dichters. Im Schmerz und in der Trauer prägt sich eine neue kritische Empfindsamkeit aus, die nicht länger nur die eigenen Verletzungen und Beschädigungen beklagt, sondern leidend und trauernd auf den schlechten Zustand der Welt verweist. Schmerz und Trauer werden zu Ausdrucksformen einer sensiblen Kritik, die keinen Ausweg mehr sieht, nicht alles besser weiß und Rezepte verkündet, sondern nur der nicht verstummenden Verzweiflung Ausdruck gibt.

Die Sprache dieser Kritik ist knapp, fast aphoristisch verkürzt, ohne bildlichen Aufwand. In präziser nominaler Benennung wird das Erfahrene und Empfundene konturiert. Doch ist es gerade diese lapidare Aufrichtigkeit, die betroffen macht, weil sie kein Ausweichen erlaubt. Die klaren, in der Regel parataktisch gefügten Aussagesätze zusammen mit der einprägsamen gedanklichen Zweigliedrigkeit sind Elemente eines Definitionsstils, dessen bewußtes Understatement in erregendem Kontrast zu dem Furchtbaren des beschriebenen Zustands steht.

Schmerz und Leid sind immer wieder mit dem Dichter in Verbindung gebracht worden. Sie, so scheint es, formen sein Bewußtsein und stellen seine eigentliche Inspirationsquelle dar. „Und wenn der Mensch in seiner Qual verstummt,/ Gab mir ein Gott, zu sagen, was ich leide." Das berühmte Wort des Goetheschen Tasso begreift den Dichter als den berufenen Gestalter menschlichen Schmerzes. Ihm ist es aufgegeben, das zu sagen, was den andern den Mund verschließt, in seinem Leiden beispielhaft das Leiden aller anderen zu spiegeln. Mit noch deutlicherem Bezug auf Treichels Gedicht heißt es in Hölderlins Ode „Die Heimat": „Denn sie, die uns das himmlische Feuer leihn,/ Die Götter schenken heiliges Leid uns auch .." Die prometheische Gabe des Feuers erscheint im Licht dieser Verse in der Tat deutbar als das himmlische Feuer der Dichtergabe, die zusammen mit dem heiligen Leid verliehen wird. Dichtertum und Leiden sind unauflöslich miteinander verknüpft. Heilig ist das Leiden, weil es von den Göttern verhängt ist, aber auch, weil es ohne Leiden keine Erlösung geben kann. Im Wort des Dichters, in seiner Trauer über das Heillose, ist die Sehnsucht nach einer heilen Welt verborgen.

Alt wie die Schlechtigkeit unter den Menschen ist das dichterische Leiden an ihr. Unsterblich ist die Dichtkunst, weil sie nicht müde wird, die Trauer über eine Welt zu artikulieren, die offenbar nicht anders als erlitten werden kann. In der Verewigung des Schmerzes über das Heillose liegt die unsterbliche Aufgabe des Dichters. Tugendhaft zu sein, die Gabe, das Schöne, Gute und Wahre zu preisen, ist ihm nicht gegeben. Die Worte Freiligraths, gesprochen bei Grabbes Tod „Der Dichtung Flamm' ist allezeit ein Fluch!" und „Das Mal der Dichtung ist ein Kainsstempel!" verweisen im Grunde bereits auf das lasterhafte Sein des Dichters, verdammt dazu, das Schlechte, Häßliche und Falsche immerfort zu erleiden und von dem eigenen Leiden Zeugnis zu geben.

Der Treichelsche Prometheus ist die Figuration des kritisch empfindsamen lyrischen Subjekts der Gegenwart, das aller Hoffnung entsagt hat und das in dem Maße unsterblich ist, wie das Leiden an der Welt unaufhebbar erscheint. Zwar wendet sich der Dichter ab von der depravierten Welt der Geschäfte und der Kriege, doch in seinem Schmerz bleibt sie ihm stets leidvoll gegenwärtig. Die dichterische Verewigung des Schmerzes und der Schmerzursache, das, was die Unsterblichkeit der Dichtkunst ausmacht, ist bleibende Herausforderung an die Menschen, ein Spiegel, in dem ihnen das Zerrbild von dem vorgehalten wird, was aus ihnen hätte werden können, wenn der prometheische Funke übergesprungen wäre, der schöpferische Geist über den Ungeist der Zerstörung den Sieg davongetragen hätte. Das moderne lyrische Ich ist ein verzweifeltes Ich, das aber trotz allem, Abstand nehmend, die Erinnerung an die im Mythos aufbewahrten schöpferisch aufbauenden Möglichkeiten wachhält.

Bibliographische Hinweise

Allgemeines zur Lyrik, Interpretationssammlungen

Asmuth, Bernhard: Aspekte der Lyrik. Düsseldorf 1972 u.ö.

Bender, Hans / Krüger, Michael: Was alles hat Platz in einem Gedicht? Aufsätze zur deutschen Lyrik seit 1965. München 1977.

Domin, Hilde: Doppelinterpretationen. Das zeitgenössische Gedicht zwischen Autor und Leser. Frankfurt/M. 1969.

Friedrich, Hugo: Die Struktur der modernen Lyrik. Hamburg [11]1970.

Gedichte und Interpretationen Bd. 1 bis 6. Von der Renaissance bis zur Gegenwart. Stuttgart 1982.

Grimm, Reinhold: Zur Lyrik-Diskussion. Darmstadt 1966.

Haller, Rudolf: Geschichte der deutschen Lyrik. Bern und München 1967.

Heselhaus, Clemens: Deutsche Lyrik der Moderne. Düsseldorf 1961.

Hirschenauer, Rupert / Weber, Albrecht: Wege zum Gedicht Bd. I. München und Zürich [8]1972.

Kaiser, Gerhard: Augenblicke deutscher Lyrik. Gedichte von Martin Luther bis Paul Celan. Frankfurt/M. 1987.

Killy, Walther: Wandlungen des lyrischen Bildes. Göttingen [6]1971.

Killy, Walther: Elemente der Lyrik. München 1972.

Köpf, Gerhard (Hg.): Neun Kapitel Lyrik. Paderborn 1984.

Müller, Hartmut: Formen moderner deutscher Lyrik. Paderborn 1970.

Pfeiffer, Johannes: Wege zur Dichtung. Hamburg 1952 u.ö.

Schillemeit, Jost (Hg.): Deutsche Lyrik von Weckherlin bis Benn. Interpretationen. Frankfurt/M. 1965.

Schneider, Wilhelm: Liebe zum deutschen Gedicht. Freiburg/Br. 1952 u.ö.

Sorg, Bernhard: Das lyrische Ich. Untersuchungen zu deutschen Gedichten von Gryphius bis Benn. Tübingen 1984.

Urbanek, Walter (Hg.): Begegnung mit Gedichten. Bamberg [3]1977.

Wiese, Benno von (Hg.): Die deutsche Lyrik. Form und Geschichte. 2 Bde. Düsseldorf 1957 u.ö.

Zillman, Lawrence J.: The Art and Craft of Poetry. An Introduction. New York 1967.

Zu den einzelnen Autoren und Gedichten

Andreas Gryphius (1616–1664)

Gesamtdarstellung(en)
Mannack, Eberhard: Andreas Gryphius. Stuttgart 1968.
Mauser, Wolfram: Dichtung, Religion und Gesellschaft im 17. Jahrhundert. Die Sonette des Andreas Gryphius. München 1976.
Szyrocki, Marian: Andreas Gryphius. Sein Leben und Werk. Tübingen 1964.

Einzelinterpretation(en): „Abend"
Eine Einzelinterpretation liegt nicht vor. Hinweise bei Mauser s. o.

Paul Fleming (1609–1640)

Gesamtdarstellung(en)
Fechner, Jörg-Ulrich: Paul Fleming. In: Steinhagen, Harald und Wiese, Benno von (Hg): Deutsche Dichter des 17. Jahrhunderts. Berlin 1984. S. 365–384.
Pyritz, Hans: Paul Flemings Liebeslyrik. Göttingen 1963.

Einzelinterpretation(en): „Ein getreues Herze"
Eine eingehende Einzelinterpretation liegt nicht vor. Hinweise bei Pyritz s.o.

Matthias Claudius (1740–1815)

Gesamtdarstellung(en)
Berglar, Peter: Matthias Claudius. Hamburg 1972.
Freund, Winfried: Matthias Claudius. In: Deutsche Dichter Bd. 3. Stuttgart 1988. S. 339–350.
Roedl, Urban: Matthias Claudius. Sein Weg und seine Welt. Hamburg ^{3}1969.

Einzelinterpretation(en): „Abendlied"
Eigenwald, Rolf: Matthias Claudius und sein „Abendlied". In: Literatur der Klassik Bd. 2. Hrsg. von Bodo Lecke. Stuttgart 1975. S. 175–201.
Marx, Reiner: Unberührte Natur, christliche Hoffnung und menschliche Angst – Die Lehre des Hausvaters in Claudius' „Abendlied". In: Gedichte und Interpretationen Bd. 2. A.a.O. S. 341–355.
Schulz, Georg-Michael: Matthias Claudius' „Abendlied". Kreatürlichkeit und Aufklärungskritik. In: DVjs 53 (1979) S. 233–250.

Friedrich Schiller (1759–1805)

Gesamtdarstellung(en)

Berghahn, Klaus L.: Friedrich Schiller. Ansichten eines Idealisten. Frankfurt/M. 1986.

Koopmann, Helmut: Friedrich Schiller. Stuttgart 1977.

Wiese, Benno von: Friedrich Schiller. Stuttgart ^{4}1978.

Einzelinterpretation(en): „Nänie"

Muschg, Walter: Schillers „Nänie". In: W. M.: Gestalten und Figuren. Bern und München 1968. S. 41–46.

Oellers, Norbert: Das verlorene Schöne in bewahrender Klage. Zu Schillers „Nänie". In: Gedichte und Interpretationen Bd. 3. A.a.O. S. 182–195.

Schneider, Wilhelm: Friedrich von Schillers „Nänie". In: W. Sch.: Liebe zum deutschen Gedicht. A.a.O. S. 170–180.

Johann Wolfgang Goethe (1749–1832)

Gesamtdarstellung(en)

Conrady, Karl Otto: Goethe. Leben und Werk 2 Bde. Königstein 1982/85.

Staiger, Emil: Goethe 3 Bde. Zürich ^{2}1957/59.

Einzelinterpretation(en): „Selige Sehnsucht"

Kraft, Werner: „Selige Sehnsucht". In: W. K.: Augenblicke der Dichtung. München 1964. S. 295–303.

Rösch, Ewald: Goethes „Selige Sehnsucht" – Eine tragische Begegnung. In: GRM NF. 20 (1970). S. 241–256.

Schlaffer, Hannelore: Weisheit als Spiel. Zu Goethes Gedicht „Selige Sehnsucht". In: Gedichte und Interpretationen Bd. 3. A.a.O. S. 335–341.

Friedrich Hölderlin (1770–1843)

Gesamtdarstellung(en)

Bertaux, Pierre: Friedrich Hölderlin. Frankfurt/M. 1978.

Wackwitz, Stephan: Friedrich Hölderlin. Stuttgart 1985.

Einzelinterpretation(en): „Abendphantasie"

Beißner, Friedrich: Zu den Oden „Abendphantasie" und „Des Morgens". In: F. B.: Hölderlin. Reden und Aufsätze. Weimar 1961. S. 59–66.

Clemens Brentano (1778–1842)

Gesamtdarstellung(en)

Gajek, Bernhard: Homo poeta. Zur Kontinuität der Problematik bei Clemens Brentano. Frankfurt/M. 1971.

Kastinger Riley, Helene M.: Clemens Brentano. Stuttgart 1985.

Einzelinterpretation(en): „Sprich aus der Ferne"

Killy, Walther: Wandlungen des lyrischen Bildes. A.a.O. S. 63 ff.

Joseph von Eichendorff (1788–1857)

Gesamtdarstellung(en)

Stöcklein, Paul: Joseph von Eichendorff. Reinbek 1963.

Einzelinterpretation(en): „Sehnsucht"

Frühwald, Wolfgang: Die Poesie und der poetische Mensch. In Eichendorffs Gedicht „Sehnsucht". In: Gedichte und Interpretationen Bd. 3. A.a.O. S. 381–393.

Motekat, Helmut: Reife und Nachklang romantischer Weltfülle. Betrachtungen zu Eichendorffs Gedicht „Sehnsucht". In: Blätter für den Deutschlehrer 4 (1956/57). S. 97–103.

Eduard Mörike (1804–1875)

Gesamtdarstellung(en)

Grävenitz, Gerhard von: Eduard Mörike: Die Kunst der Sünde. Zur Geschichte des literarischen Individuums. Tübingen 1978.

Heydebrand, Renate von: Eduard Mörikes Gedichtwerk. Stuttgart 1972.

Einzelinterpretation(en): „An einem Wintermorgen"

Beck, Adolf: Mörikes Gedicht „An einem Wintermorgen". In: Euphorion 46 (1952). S. 370–393.

Müller, Joachim: Eduard Mörike: „An einem Wintermorgen" – Eine Interpretation. In: DVjs 25 (1951). S. 82–93.

Annette von Droste-Hülshoff (1797–1848)

Gesamtdarstellung(en)

Heselhaus, Clemens: Annette von Droste-Hülshoff – Werk und Leben. Düsseldorf 1971.

Schneider, Roland: Annette von Droste-Hülshoff. Stuttgart 1977.

Einzelinterpretation(en): „Im Grase“
Rölleke, Heinz: „Dennoch, Himmel ...“ Zu Annette von Droste-Hülshoffs Gedicht „Im Grase“. In: Gedichte und Interpretationen Bd. 3. A.a.O. S. 158–167.

HEINRICH HEINE (1797–1856)

Gesamtdarstellung(en)
Sternberger, Dolf: Heinrich Heine und die Abschaffung der Sünde. Düsseldorf 1972.
Windfuhr, Manfred: Heinrich Heine. Revolution und Reflexion. Stuttgart 1969.

Einzelinterpretation(en): „Salomo“
Eine Einzelinterpretation liegt nicht vor. Hinweise bei: S. S. Prawer: Lazarus. In: S. S. P.: The Tragic Satirist. A. Study of the later Poetry 1827–56. Cambridge 1961. S. 179–186.

NIKOLAUS LENAU (1802–1850)

Gesamtdarstellung(en)
Mádl, Antal: Auf Lenaus Spuren. Wien und Budapest 1982.
Turóczi-Trostler, József: Lenau. Berlin (Ost) 1961.

Einzelinterpretation(en): „Waldlied IX“
Deschner, Karlheinz: Kitsch, Konvention und Kunst. München 1957. S. 148 ff.
Freund, Winfried: Abschied vom Weltschmerz. Nikolaus Lenaus „Waldlied IX“. In: Suevica. Beiträge zur schwäbischen Literatur- und Geistesgeschichte 4. (1987). S. 57–65.

THEODOR STORM (1817–1888)

Gesamtdarstellung(en)
Freund, Winfried: Theodor Storm. Stuttgart 1987.
Laage, Karl Ernst: Theodor Storm. Leben und Werk. Husum 1979 u.ö.

Einzelinterpretation(en): „Abseits“
Freund, Winfried: Die Synthese von Sein und Sinn. Zu Storms Gedicht „Abseits“. In: Wirkendes Wort 38 (1988). S. 317–321.
Spycher, Peter: Theodor Storm: „Abseits“. In: Die deutsche Lyrik. Form und Geschichte Bd. 2. Hrsg. v. Benno von Wiese. A.a.O. S. 191–200.

PETER HILLE (1854–1904)

Gesamtdarstellung(en)
Hart, Heinrich: Peter Hille. Berlin 1904.
Lasker-Schüler, Else: Das Peter-Hille-Buch. Berlin 1907.

Einzelinterpretation(en): „Waldstimme"
Freund, Winfried: Mythos und Ekstase. Peter Hilles Gedicht „Waldstimme". In: Hille-Blätter 5 (1988). S. 123–129.

RAINER MARIA RILKE (1875–1926)

Gesamtdarstellung(en)
Holthusen, Hans Egon: Rainer Maria Rilke. Hamburg 1958 u.ö.
Leppmann, Wolfgang: Rilke. Sein Leben, seine Welt, sein Werk. Bern und München 1981.

Einzelinterpretation(en): „Archaïscher Torso Apollos"
Grawe, Christian: Die Apollo-Sonette aus R. M. Rilke: Neue Gedichte: „Früher Apollo" und „Archaïscher Torso Apollos". In. DU 28 (1976). S. 97–107.

ELSE LASKER-SCHÜLER (1869–1945)

Gesamtdarstellung(en)
Bauschinger, Sigrid: Else Lasker-Schüler. Heidelberg 1980.

Einzelinterpretation(en): „Versöhnung"
Eine Einzelinterpretation liegt nicht vor.

GEORG TRAKL (1887–1914)

Gesamtdarstellung(en)
Saas, Christa: Georg Trakl. Stuttgart 1984.
Simon, Klaus: Traum und Orpheus. Eine Studie zu Georg Trakls Dichtungen. Salzburg 1955.

Einzelinterpretation(en): „Klage"
Eine eingehende Einzelinterpretation liegt nicht vor. Hinweise bei: Lachmann, Eduard: Trakl und Hölderlin. Eine Deutung. In: Georg Trakl: Nachlaß und Biographie. Hrsg. v. Wolfgang Schneditz. Salzburg 1949. S. 163 f. und Müller, Hartmut: Formen moderner deutscher Lyrik. A.a.O. S. 14 f.

GOTTFRIED BENN (1886–1956)

Gesamtdarstellung(en)
Schröder, Jürgen: Gottfried Benn und die Deutschen. Studien zu Werk, Person und Zeitgeschichte. Tübingen 1986.
Wellershoff, Dieter: Gottfried Benn – Phänotyp dieser Stunde. Köln/Berlin 1958.

Einzelinterpretation(en): „Valse d'automne"
Eine Einzelinterpretation liegt nicht vor.

GÜNTER EICH (1907–1972)

Gesamtdarstellung(en)
Schafroth, Heinz, F.: Günter Eich. München 1976.

Einzelinterpretation(en): „Ende eines Sommers"
Hartung, Rudolf: „Ende eines Sommers". In: Doppelinterpretationen. A.a.O. S. 49–53.

MARIE LUISE KASCHNITZ (1901–1974)

Gesamtdarstellung(en)
Pulver, Elsbeth: Marie Luise Kaschnitz. München 1984.
Schweikert, Uwe (Hg.): Marie Luise Kaschnitz. Frankfurt/M. 1984.

Einzelinterpretation(en): „Genazzano"
Eine eingehende Einzelinterpretation liegt nicht vor. Hinweise bei: Friedrich, Hugo: Die Struktur der modernen Lyrik. A.a.O. S. 150 und Müller, Hartmut: Formen moderner deutscher Lyrik. A.a.O. S. 14 f.

PAUL CELAN (1920–1970)

Gesamtdarstellung(en)
Pöggeler, Otto: Spur des Worts. Zur Lyrik Paul Celans. Freiburg 1986.

Einzelinterpretation(en): „Tenebrae"
Kienecker, Friedrich: „Tenebrae". In: F. K.: Der Mensch in der modernen Lyrik. Eine Handreichung zur Interpretation. Essen 1975. S. 62–70. (unergiebig).

Johannes Bobrowski (1917–1965)

Gesamtdarstellung(en)

Gajek, Bernhard / Haufe, Eberhard: Johannes Bobrowski. Chronik, Einführung, Bibliographie. Frankfurt/M. 1977.

Minde, Fritz: Johannes Bobrowskis Lyrik und die Tradition. Frankfurt/M. 1981.

Einzelinterpretation(en): „Der Wanderer“

Freund, Winfried: Lyrik als Dialog zwischen Ost und West. In: Fragezeichen. Heft 18. 1970. Zu Bobrowskis „Der Wanderer“: S. 54 f.

Rose Ausländer (1907–1988)

Gesamtdarstellung(en)

Braun, Helmut (Hg.): Rose Ausländer. Materialien zu Leben und Werk. Frankfurt/M. 1989.

Einzelinterpretation(en): „Abendstern“

Freund, Winfried: Die Wahrheit des Mythos. Gedanken zu Rose Ausländers Gedicht „Abendstern“. In: NDH 35 (1988). S. 440–443.

Sarah Kirsch (1935)

Gesamtdarstellung(en)

Eine Gesamtdarstellung liegt nicht vor. Hilfreich sind:

Hacks, Peter: Der Sarah-Sound. In: Neue deutsche Literatur 24. 1976. Heft 9. S. 104–118.

Kirsch, Sarah: Erklärung einiger Dinge. Dokumente und Bilder. Ebenhausen bei München 1978.

Einzelinterpretation(en): „Im Sommer“

Eine Einzelinterpretation liegt nicht vor.

Hans Ulrich Treichel (1952)

Gesamtdarstellungen und Einzelinterpretationen liegen nicht vor.